Franz Carl Achard

Bestimmung der Bestandteile einiger Edelgesteine

Franz Carl Achard

Bestimmung der Bestandteile einiger Edelgesteine

ISBN/EAN: 9783743454811

Hergestellt in Europa, USA, Kanada, Australien, Japan

Cover: Foto ©berggeist007 / pixelio.de

Manufactured and distributed by brebook publishing software (www.brebook.com)

Franz Carl Achard

Bestimmung der Bestandteile einiger Edelgesteine

Bestimmung der Bestandtheile einiger Edelgesteine

von

Franz Carl Achard,

Mitglied der Königl. Preußischen Academie der Wissenschaften, der Berlinischen Gesellschaft naturforschender Freunde, der Römisch-Kaiserlichen Academie der Naturforscher, der Churfürstl. Mainzischen und Bayerschen Academien, wie auch der naturforschenden Gesellschaften zu Harlem und Danzig und der schlesischen oekonomisch-patriotischen Societät.

Berlin,
bey Arnold Wever 1779.

Von der
Zerlegung der Körper,
die aus Erden bestehen.

Das äußerliche Ansehen der Körper ist niemals hinreichend, sich eine gegründete Kenntniß, ihrer Eigenschaften, Würkungen und Entstehungsart zu erwerben. Wir haben solches blos von der Erkenntniß ihrer Bestandtheile zu erwarten, und solche zu bestimmen, so wohl in Absicht ihrer Natur, als auch in Ansehung des Verhältnißes ihrer Menge, giebt uns die, auf einer guten Kenntniß der Naturlehre gegründete Chimie Mittel an die Hand. Ich glaube daher nicht nöthig zu haben, Beweise von den Nutzen anzuführen, den die Mineralogie von der Anwendung der Chimie zu erwarten hat; ich werde jetzt nur erinnern, daß dieses mich bewogen hat, die chimische Zerlegung einer großen Menge mineralischer Körper zu unternehmen, wovon ich einige, besonders über Edelgesteine angestellte Zersetzungen, in gegenwärtiger Schrift, den Naturforschern vor Augen lege.

Ehe ich aber zu den Versuchen selbst komme, halte ich es um öftere Wiederhohlungen zu vermeiden, für nöthig, die Gründe anzuführen, auf welche diese Zersetzungen beruhen, um die dabey zu beobachtende Regeln der Vorsicht, damit man nicht durch falsche Versuche auf falsche Schlüße verleitet werde.

Die Edelgesteine, von welchen ich in dieser Schrift handeln werde, sind Körper, die blos aus miteinander verbundenen Erden bestehen. Den Mangel der salinischen Theile erkennet man an ihrer gänzlichen Unauflößbahrkeit im Wasser; und ihre Feuerbeständigkeit ist ein Beweis, daß sie keine flüßige Bestandtheile haben; es kommt also bey der Zergliederung dieser Körper blos darauf an, daß man die verschiedenen Erden, aus welchen sie bestehen, von einander scheidet, und die Natur einer jeden bestimmt. Diese Bestimmung setzet aber die genaue Erkenntniß der characteristischen Eigenschaften der verschiedenen Erdarten zum voraus, die wir einfach nennen, weil wir sie noch nicht weiter haben zerlegen können.

Von den einfachen Erden sind nur vier verschiedene Arten bekannt, nämlich die Kieselerde, die Kalkerde, die Alaunerde, und die Bittersalzerde, zu welchem man noch eine fünfte rechnen kann, nämlich die zwar an und vor sich feine beständige Erde des Flußspaths: die aber durch Säuren flüchtig gemacht wird. Diese Erde ist nun erst seit kurzen den Chimisten bekannt geworden; Scheel, ein schwedischer Chimist, hat mehrere Versuche damit angestellet, und hält sie für salinisch (a) ich habe aber bewiesen, daß sie in die Claße der Erden, und zwar der alcalischen Erden gebracht werden müße.

Die Kieselerde unterscheidet sich von den andern Erden, durch ihre gänzliche Unauflösbarkeit in den Säuren, und durch die Eigenschaft, mit gleichen Theilen eines aus den gezogenen feinen beständigen alcali zu Glas zu schmelzen: von drey Theilen alcali aber auf dem trocknen Wege aufgelöset zu werden; so daß sie durch Vermittelung dieses Salzes in Waſſer

fer auflösbar wird, nach der Scheidung des alcalischen Salzes aber, welche durch eine jede Säure hervorgebracht wird, wieder alle Eigenschaften, die sie vorher besas, erhält.

Die Kalkerde wird von allen Säuren aufgelöset; mit der vitriol Säure verwandelt sie sich in ein erdiges Mittelsalz, welches man selerirt nennt, und so wohl an der Gestalt seiner Christallen, als an seiner sehr schweren Auflösbarkeit im Wasser, von allen andern Mittelsalzen sich sehr leicht unterscheiden läßt. An der Salzsäure hängt die Kalkerde so fest, daß das aus der Verbindung der Kalkerde und der Salzsäure entstandene, unter den Nahmen fein beständiger Salmiac bekannte Salz, durch ein bis zum Glühen verstärktes Feuer nicht zersetzet werden kann; indem die Erde bey diesem Grade des Feuers noch immer so viel Säure behält, als sie haben muß, um im Wasser gänzlich auflösbar zu seyn. Durch diese Eigenschaften unterscheidet man die Kalkerde von allen andern bekannten Erden.

Die Alaunerde wird von allen Säuren gänzlich aufgelöset; aus ihrer Verbindung mit der Vitriol-Säure entstehet der Alaun, den man an der Gestalt seiner Christallen, an seinen zusammenziehenden Geschmack, und an sein Aufbligen auf glühenden Kohlen von andern vitriolisch erdigen Mittelsalzen sehr leicht unterscheidet. Das aus der Verbindung der Alaunerde und der Salzsäure entstehende erdige Mittelsalz, wird bey einen Grad des Feuers der noch unter dem Glühen ist, zersetzet, und die Salzsäure gänzlich verflüchtiget.

Die Bittersalzerde ist in allen Sauren auflösbar; sättiget man sie mit der Vitriol Säure, so erhält

hält man das sogenannte **Bittersalz**, welches man an seiner Gestalt, am Geschmack, und an seiner Auflösbarkeit im Wasser, sehr leicht vom Selenit und Alaun unterscheidet. Diese Salzsäure verläßt diese Erde beym geringsten Glühen.

Die Erde des Flußspaths, welche sich durch Säuren verflüchtiget, ist die einzige, welche ohne Zusatz schmelzt; sie verwandelt sich bey einen nicht sehr heftigen glühen, in eine porcellainartige beym Anfange des Schmelzens weißen, bey länger anhaltendem Feuer aber, mehr oder weniger braunen beynahe ganz undurchsichtigen Masse. Ohne Zusatz der Säuren ist diese Erde feuerbeständig, durch Zusatz der Säuren aber wird sie flüchtig.

Die Bestimmung der Natur der verschiedenen, in einen Körper mit einander verbundenen Erden, beruhet blos auf die jetzt angeführten Eigenschaften der uns bekannten einfachen Erden. Hätte man also z. B. eine nicht bekannte Vermischung verschiedener Erden, und man wollte die Natur dieser Erden, und das Verhältniß ihrer Menge bestimmen, so würde man dabey folgendergestalt zu verfahren haben.

Man übergieße eine gewisse Quantität dieser vermischten Erden in einer Retorte mit Salzsäure, und destillire bis zur Trockenheit; wenn keine Sublimation erfolgte, so wäre dieses ein sicherer Beweis, daß in der Vermischung keine flüchtige Erde des Flußspaths befindlich wäre. Das residuum der Retorte würde man alsdenn glühen; und nachher auslaugen: enthält die Mischung Kalkerde, so würde sie die Salzsäure nicht haben fahren lassen, und würde sich also in der Laugen befinden, wovon sie durch al=
calische

calische Salze leicht zu scheiden wäre; die nach dem Auslaugen zurückgebliebene Erde würde man alsdenn mit Vitriol Säure übergießen; das was sich nicht auflösen ließ, wäre Kieselerde, die Auflösung aber würde man verdünsten laßen, und Alaun oder Bitterſalz erhalten, wenn Alaun oder Bitterſalzerde in dieſer Vermiſchung geweſen wäre, um die Erden ſelbſt zu haben, dürfte man nur dieſe Salze zerſetzen.

Was die Kennzeichen anbetrift, an welchen man die metalliſchen Erden unterſcheidet, ſo werde ich mich jetzt dabey nicht aufhalten, ſondern nur erinnern, daß die blaue Farbe, unter welcher das Eiſen durch ein mit brennbaren verbundenes alcaliſches Salz niedergeſchlagen wird, dieſem Metalle nicht allein zukommt, und folglich ſolches nicht, als ein ſicheres Unterſcheidungszeichen dieſes Metalls von den andern angeſehen werden kann, welches einige Chimiſten angenommen haben.

Bey der Zergliederung der Edelgeſteine und anderer harten Steine, in welchen die Theile der verſchiedenen Erden, aus welchen ſie beſtehen, ſehr feſt aneinander hängen, findet ſich eine Schwierigkeit, welche darin beſtehet, daß die Säuren auf den Erden, wegen des ſtarken Zuſammenhangs ihrer Theile nicht wirken und ſie auflöſen können, es iſt dahero nöthig, dieſen Zuſammenhang zu verringern. Hierzu iſt nun beſonders das alcaliſche Salz geſchickt, weil es alle Erden auf dem trocknen Wege auflöſet.

Dieſer Wiederſtand, welcher ſich dem Angriffe der Säuren wiederſetzt, und vom ſtarken Zuſammenhange der kleinſten Theile herrühret, iſt die Urſache, warum z. B. vom Rubin, wenn er auch noch ſo fein gerieben wird, ſich in den mineraliſchen Säuren faſt nichts auflöset, oder doch nur sehr wenig, da er sich hingegen gröstentheils auflöset, wenn man ihm zuvor mit einem alcali hat schmelzen laßen, und dadurch den Zusammenhang der Theile vermindert hat.

Man siehet hieraus, daß die Unauflösbarkeit des noch so fein geriebenen Sandes nicht als ein Beweiß angesehen werden kann, daß der Sand aus reiner Kieselerde bestehet; ich habe vielmehr gefunden, daß auch der reinste Sand, wie z. B. der Freyenwalder weiße Sand, aus Alaunerde, Kalkerde, Kieselerde und etwas Eisenerde bestehet; die Versuche also, zu welche man solche Sandarten als reine Kieselerde gebraucht hat, können nur zu falsche Schlüße verleitet haben.

Bey der Schmelzung der Steine, mit dem alcalischen Salze, welche sie zur fernern Zergliederung viel geschickter macht, kann man sich leicht einem großen Irrthum vorstellen, der aber von einem Naturforschenden Chimisten nicht verborgen bleiben kann. Wenn nämlich die Schmelzung in solchen Gefäßen vorgenommen wird, die selbst vom alcalischen Salze angegriffen werden, und wovon sich ein Theil in diesem Salze auflöset, so findet man oft in den Tiegel mehr, als noch einmal so viel Erde als die, welche man mit dem alcali vermischt in den Tiegel gethan hatte; man würde aber einen sehr groben Fehler begehen, wenn man diese Zunahme des Gewichts, als eine besondere Eigenschaft der geschmolzenen Erden ansehen wollte, indem sie lediglich von der Erde des Tiegels selbst herrühret. Versuche von dieser Art müßen also alle als falsch und unrichtig, gänzlich verworfen werden.

Um

Um nicht in einen ähnlichen Irrthum zu verfallen, habe ich die Schmelzung der Steine mit dem alcalischen Salze in einen eisernen geschmiedeten Schmelztiegel vorgenommen, ich war alsdenn sicher, daß zu denen mit dem alcali geschmolzenen Erden nichts wie Eisenerde hinzu gekommen seyn konnte, und daß alle Erden die nun nach der Scheidung der Eisenerde zurückblieben, die reinen Erden waren, die ich in den Tiegel gethan hatte.

Bey der Zubereitung des alcalischen Salzes, welches man zu diesen Schmelzungen, so wohl als zu den Niederschlagungen der in den Säuren aufgelösten Erden braucht, hat man besonders darauf zu sehen, daß wenn man es durch das Verbrennen aus dem Weinstein ziehet, man solchen nur in Kohlen nicht aber in Asche verwandelt, weil sonst die vegetabilische Erde sich mit dem alcalischen Salze verbindet, und solches hierdurch zu dergleichen Versuchen untauglich wird, indem sich diese an dem alcali anhängende vegetabilische Erde, mit der zu präcipirenden oder zu schmelzenden vermischt, und hierdurch die Resultate unrichtig werden. Wird hingegen der Weinstein, wenn er in eine vollkommene Kohle verwandelt ist, ausgelaugt, und man läßt die Lauge verdünsten, und das Salz bey einen nicht bis zum glühen verstärkten Feuer trocken, so hat man diesen Fehler nicht zu befürchten.

Ich bin die Gründe, auf welchen die in dieser Schrift enthaltene Zergliederungen beruhen, nur darum so umständlich durchgegangen, weil ich hierdurch überhoben bin, mich bey der Beschreibung der Versuche selbst dabey aufzuhalten, und ich lieber will, daß man mich einer zu umständlichen Beschreibung beschuldigen

digen soll, als daß man mich für geheimnißvoll ansiehet, indem eine solche Denkungsart bey einen Gelehrten, der nur zum gemeinen Besten arbeiten soll, Verachtung verdient, und als ein sicherer Beweiß der Unwissenheit angesehen werden kann.

Chimische Untersuchung der orientalischen Rubine.

Der Rubin (Rubinus) Alumen Capideum rubrum des Herrn von Linné, deßen verschiedene Arten die Alten mit den Nahmen Carbunculus, Pyropus, Carbo Anthrax belegt haben, ist ein feuriger rother im Anbruch glänzender christallförmiger Edelgestein, der durch Reiben electrisch wird, und am Stahl geschlagen, viele Funken giebt.

Die Rubine, die am meisten geschätzt werden, kommen aus den morgenländischen Gegenden, aus dem Königreiche Pegu. Bis Neger aus Cambaga, Calecut, Lagos, Coria, der Insel Ceylon ꝛc. In Brasilien findet man welche, die an Schönheit der ersten wenig nachgeben. Diejenigen, die am wenigsten geschätzt werden, findet man bey Kepholn in Finnland, bey Reddil am Ladogasen, in Böhmen, Sachsen, Schlesien, Ungarn, in den Carpatischen Gebirgen ꝛc. Ich gehe zu denen Versuchen über, durch welche ich die Bestandtheile des Rubins, zu entdecken suchte. Ich bediente mich hierzu der Orientalischen.

Erster Versuch.

Ich that einen sieben Gran wiegenden Rubin, in einen kleinen Heßischen Schmelztiegel, und setzte ihn

vier

der orientalischen Rubine. 11

vier Stunden lang unter einer beständig in Glühen erhaltenen Muffel. Der Rubin war bey dieser Operation in zwey Stücken zerfallen; an seinen Gewicht konnte ich keine Abnahme wahrnehmen, auch seine Farbe, seine Politur, und sein äußerliches Ansehen überhaupt, war ganz unverändert.

Zweyter Versuch.

Ich wiederhohlte den vorhergehenden Versuch, mit einen nur drey Gran wiegenden Rubin, den ich unter einer Muffel, vierzehn Stunden im Glühen erhielt, konnte aber auch bey diesen viel länger fortgesetzten Glühen, keine Veränderung, in der Farbe, dem Gewichte, und der Politur, des Rubins bemerken.

Dritter Versuch.

Ich schüttete einen Scrupel des in einen Agathenen Mörsel feingeriebenen und geschlemten Rubin, in einer kleinen gläsernen Retorte. Ich übergoß dieses Pulver mit gleich viel Vitriolöhl, welches ich mit einen Quentlein Wasser verdünte, hierauf that ich die Retorte in eine kleine Sandcapelle, legte einen Recipienten vor, und destillirte gleich mit gelinden, zuletzt aber da alle Flußigkeit herübergegangen, mit einem bis zum Glühen der Retorte, verstärkten Feuer. Die bey dieser Destillation übergegangene Flüßigkeit, hatte keine Farbe, und war von einer reinen Vitriolsäure in nichts unterschieden, im Halse der Retorte, hatte sich kein Subliment gesetzt (a). Das im Grund derselben gebliebene fixe Residium, ward oben weiß, und da, wo es das Glas berührte, roth. Ich übergoß es noch einmal mit Vitriolsäure, und ließ diese

Mischung

Mischung etliche Tage in Digestion stehen. Hierauf schüttete ich alles auf ein Filtrum, ebulcorirte das in Filtro gebliebene Pulver, mit vielen kochenden destillirten Wasser, und goß dieses Wasser mit zu den filtriten, mit den Rubin in Digestion gestandene Vitriolsäure. Dieses ebulcorirte und getrocknete in Filtro zurückgebliebene Pulver, wog 17¼ Gran, und hatte die röthliche Farbe des fein geriebenen Rubins (b). Die Extraction, nebst den zur Edulceration des Rubin Pulvers, gebrauchte Waßer, ließ ich bis an den vierten Theil verdünsten, und sättigte sie alsdenn mit aufgelößtes Weinstein Salz, sie trübte sich sogleich, und es erfolgte ein etwas gelblicher, nach den auswaschen und trokenen 2¼ Gran wiegender Niederschlag, der in allen Säuren sich mit Aufbrausen auflößte, und mit der Vitriolsäure einen wahren Selenit darstellete (d).

Vierter Versuch.

Ich that einen Scrupel fein geriebenen und geschlemten Rubins in ein kleines Glas, übergoß solchen mit einer Unze etwas rauchender Salzsäure, und setzte ihn einige Tage in gelinder digestions Wärme, die ich zuletzt bis zum kochen verstärkte. Die Säure nahm bey dieser Operation eine gelbe Farbe an, ich filtrirte sie, und goß sie zu den Wasser, mit welchem ich das unaufgelößte Rubin Pulver edulcorirte. Dieses Pulver wog nach den Austrocknen 1¼ Gran, war ganz weiß, und hatte die röthliche Farbe des feingeriebenen Rubins gänzlich verlohren (e).

Die Extration lies ich ganz verdünsten, und da das zurückgebliebene Residuum dem Anscheine nach

nach ganz trocken war, so erhitzte ich es noch
bis zum Glühen, um die Salzsäure von allen Erden zu bringen, an welchen sie nicht stark genug
hänget, um der flüchtig machenden Kraft des
Feuers zu widerstehen. Daß zurückgebliebene feuerbeständige Residuum, hatte eine braune Farbe.
Ich laugte es mit kochenden distillirten Wasser aus,
und es blieben $3\frac{3}{4}$ Gran einer unauflösbaren braun
rothen Erde, die mit Talg gemischt und geröstet, vom
Magneten gänzlich angezogen wurde, und in der Salzsäure wieder aufgelößt, mit der Blutlauge, Berliner
blau gab (f). Die Lauge trübte sich mit den Feuerbeständigen Laugen-Salze, und es erfolgte ein weisser
nach der Edulcoration und Austrocknung $2\frac{1}{4}$ Gran
wiegender Niederschlag; dieser lösete sich in allen Säuren mit Aufbrausen auf, und gab mit der Vitriolsäure ein erdiges Mittelsalz, welches den Selenit
in allen Stücken vollkommen ähnlich war (g).

Fünfter Versuch.

Ich übergoß einen Scrupel des fein geriebenen
Rubins, in einem kleinen Glase, mit einer Unze stark
in die Enge gebrachte aber nicht rauchende Salpetersäure, und setzte diese Mischung etliche Tage in gelinder
und zuletzt bis zum kochen verstärkter Digestion; hierauf
goß ich diese Extraction, nebst den unaufgelößten
Pulver, auf ein Filtrum, und dulcorirte das in selbigen gebliebene Pulver auf das beste, mit destilirtes
kochendes Wasser es wog, nach dem es getrocknet
worden $17\frac{1}{4}$ Gran, und hatte noch die röthliche Farbe, des fein geriebenen Rubins. Die zur Extraction gebrauchte filtrirte Säure, nebst den Wasser, welches zur Edulcoration gedienet hatte, ließ ich bis
zur

zur Trockenheit verdünsten; und da das zurückgebliebene Residuum eingetrocknet war, erhitzte ich es bis zum Glühen. Es hatte eine braune Farbe, ich wusch es mit kochenden destilirten Wasser aus. Dieses lösete davon nicht das geringste auf, denn es trübte sich mit den Laugensalze gar nicht. Das ausgewaschene Residuum, wog 3 Gran, (h) ich lösete es mit Salz-Säure auf, welches mit Aufbrausen geschahe. Diese Auflösung sättigte ich mit Blutlauge, und erhielt eine andre Farbe nach, den Berliner Blau, ganz ähnlichen Niederschlag diesen Niederschlag extrahirte ich mit Victriol-Säure, und erhielt durch die Verdünstung dieser Extraction ein Salz, welches den Selenit in allen Stücken gleich war. Diesen Selenit, löste ich in kochendes destilirtes Wasser auf, und zersezte ihn mit feuer beständigen laugen Salze; der auf diese Art erhaltene Niederschlag war ganz weiß, und wog nach den Waschen und Trocknen 2½ Gran (i)

Sechster Versuch.

Ich mischte ein halb Quentchen fein geriebenen Rubin mit zwey Quentchen reines Weinsteinsalz, that diese Mischung in einen eisernen geschmiedeten Schmelztiegel und nach dem ich ihn mit einen eisernen daran passenden Deckel bedeckt hatte, setzte ich ihn zwey Stunden im Windofen. Ich erhielt hierdurch reine geschmolzene, schwarze harte, im Wasser schwer zu erweichende Masse. Nachdem ich sie vom Tiegel genau abgesondert, laugte ich sie mit vielen kochenden destilirten Wasser aus. Da sie trocken geworden, wog sie ein halb Quentchen siebenzehn Gran. Die Lauge

trübte

trübte sich, da ich sie mit Salzsäure sättigte. (Hierbey muß man den Sättigungs-Punkt genau treffen, denn gießt man etwas mehr Säure dazu, als nöthig ist, um das Alkali zu sättigen, so löset diese überflüßige Säure den Niederschlag in den Augenblick wieder auf;) und es erfolgte ein weißer nach den Auswaschen und Trocknen 2 Gran wiegender Niederschlag. Dieser floß vor sich im Feuer nicht, war nach der Trocknung in allen Säuren unauflößbar, und schmolz mit gleichviel Weinsteinsalz vermischt, zu einem vollkommenen Glase. (k) Die ausgelaugte durch die Schmelzung des Rubins, und des Alkali erhaltene Masse, extrahierte ich sehr genau mit Salzsäure, indem ich die damit gekochte Säure abgoß, und auf den noch nicht aufgelösten Residio reine Säure aufgoß, welches ich so lange wiederholte als noch eine Auflösung erfolgte. Ich erhielt hierdurch eine weißgraue in allen Säuren unauflösbare, nach den Auswaschen und Trocknen 10¼ Gran wiegende Erde. Diese Erde floß vor sich nicht; mit gleichschwer Weinstein-Salz floß sie zu einen vollkommenen Glase. Mit dreymahl so viel Weinstein-Salz, floß sie zu einer die Feuchtigkeit der Luft anziehende im Wasser vollkommen Auflösbaren Masse (l) die eben erwehnte mit Salzsäure gemachte Extraction sättigte ich mit einer Auflösung des Weinstein-Salzes, und erhielt hierdurch einen braunen nach den Auswaschen und austrocknen 33 Gran wiegenden Niederschlag. Diesen schüttete ich in eine proportionirte gläserne Retorte, goß zwey Unzen Salz-Säure darauf, worinn sie sich gänzlich auflösete. Die Auflösung hatte eine dunkelgelbe Farbe. Ich legte hierauf einen Recipienten

pienten vor und destilirte aus den Sandbade, anfangs mit gelinden Feuer, welches ich aber zuletzt, da dem Anschein nach alle Flüßigkeit übergegangen war, so verstärkte, daß der Boden der Retorte gut glühete; diesen Feuers Grad unterhielt ich eine Stunde. Die zu erst übergegangene Flüßigkeit, war ohne Farbe, und von einer reinen Salz-Säure in nichts unterschieden; beym Ende der Destilatiren aber wurde die übergehende Feuchtigkeit dunkelgelb, beynahe braun, und es stieg zugleich etwas von einer braunen schmierigen Materie in die Höhe, welche sich im Halse der Retorte ansetzte. Die im Grunde derselben zuruckgebliebene Erde hatte eine gelbe Farbe; ich laugte sie mit destilirtes Wasser aus, es blieben 14. Gran einer unauflösbahren weißen etwas gräulichen Erde zurück; diese mit etwas Eisenkalk vermischte Erde lösete sich mit Aufbrausen in allem Säuren auf, und gab mit der Vitrial-Säure ein in aller Absicht den Alaun vollkommen gleiches Salz (m). Die bey den Auswaschen der im Grunde der Retorte gebliebenen Erde erhaltene Lauge, sättigte ich mit Feuer beständigen Laugensalz; sie trübte sich sogleich, und ich erhielt einen 2½ Gran wiegenden weißen Niederschlag. Dieser lösete sich in allen Säuren mit Aufbrausen auf, und gab mit Vitrial-Säure gesättiget, ein in allen Stücken den Selenit ähnliches Salz. (n) Der am Ende der Destilation bey der stärksten und schnell vermehrten Hitze sich am Halse der Retorte angesetzte Sublimat, bestand, wie ich mich durch eine sehr genaue angestellete Untersuchung davon ganz sicher überzeugt, nur blos aus Eisenerde, welche die Salzsäure bey der stärksten Hitze, mit sich in die Höhe genommen

der orientalischen Rubine.

men hatte. Es folget aus allen denen jetzt beschriebenen Versuchen:

1) Daß ein lange anhaltendes Glühen den Rubin auf keine merkliche Art verändert, (Siehe den ersten und zweyten Versuche.

2) Daß der Rubin keine Erde enthält, die durch die Destilation mit den Säuren flüchtig wird (Siehe den dritten Versuche Lit. (a)

3) Daß die Vitriol-Säure die färbende Theile des Rubins nicht extrahirt (Siehe den dritten Versuch, Lit. (b)

4) Daß in 20 Gran Rubin 2¼ Gran einer Erde enthalten, die sich vermittelst der Diegestion in der Vitriol-Säure auflöset (Siehe den dritten Versuch, Lit. c.

5) Daß diese Erde die Eigenschaften der Kalk-Erde hat, (Siehe den dritten Versuch, Lit. (d)

6) Daß die Salz-Säure die färbende Theile des Rubins auflöset (Siehe den vierten Versuch, Lit. (e)

7) Daß 20 Gran Rubin 5¼ Gran Erde enthalten, welche die Salzsäure mit Hülfe der Diegestion daraus extrahiert.

8) Daß diese Erde aus 3¼ Gran Eisen-Erde (Siehe den vierten Versuche Lit. (f) und aus 2¼ Gran Kalkerde bestehet (Siehe den vierten Versuch, Lit. (g) folglich ist die Ursache der Farbe des Rubins in der darin enthaltenen Eisenerde zu suchen.

9) Daß die Salpeter-Säure durch die Diegestion von 20 Gran Rubin 3 Gran auflöset (Siehe den fünften Versuch, Lit. (h) und zwar 3¼ Gran Eisenerde, und 2¼ Gran Kalkerde (Siehe den fünften Versuch, Lit. (i)

10) Daß durch das Schmelzen mit dem Weinsteinsalze ein ansehnlicher Theil des Rubins der zu

B vor

vor von den Säuren nicht angegriffen wurde, in denselben auflösbar gemacht wird.

11). Daß 30 Gran Rubin aus 12½ Gran Kieselerde (Siehe den sechsten Versuche Lit. (k l) 11 Gran Alaunerde (Siehe den sechsten Versuch Lit. (m) 2½ Gran Kalkerde (Siehe den sechsten Versuch Lit. (n) und 3¼ Gran Eisenerde (Siehe den vierten Versuche Lit. (f) bestehen.

Folgende Versuche, die ich der Kürze wegen und um öftere Wiederholungen zu vermeiden, in tabellarischer Form gebracht sind, stellete ich in der Absicht an, die Veränderungen zu entdecken, die der Rubin erleidet, wenn man ihm so wohl roh als mit den mineralischen Säuren zuvor extrahiret, und in einen bekannten Verhältniß, mit verschiedenen Erden und Salzen vermischt, den Schmelzfeuer aussetzet. Vergleicht man die Resultate dieser Versuche mit die vorhergehenden, so wird man sehen, daß sie damit vollkommen übereinstimmen; und daß der Rubin sich im Feuer in denen verschiedenen Umständen und Vermischungen, wo ich ihm gesetzt, eben so verhält, als wenn man an seiner Stelle bey diesem Versuche eine Vermischung der darinnen bewiesenen Erden, und zwar, in den bestimmten Verhältniß, in welchen sie sich im Rubin befinden, genommen hätte.

Versuche,

die mit den in einen agathenen Mörsel fein geriebenen, so wohl rohen, als mit den mineralischen Säuren extrahirten Rubin angestellet wurden, in dem ich ihn mit verschiedenen Salzen und Erden, in einen bestimmten Verhältniß gemischt, dem Schmelzfeuer aussetzte.

Die Mischung	das Verhältniß	Was daraus wird	Die Durchsichtigkeit	Die Farbe
Rubin allein	Gr. viij.	Eine gar nicht geflossene scharf zusammengebackne nicht leicht zerbrechliche Masse	undurchsichtig	Zimtfarbe
Rubin Weinstein-Salz	1 Theil 2 Theile	Eine nicht geflossene nur wenig zusammengebackne leicht zwischen den Fingern zerbrechliche Masse	undurchsichtig	Braunroth
Rubin Mineralisches Alkali	1 Theil 2 Theile	Eine geflossene auf der oberfläche etwas in brüche gar nicht gländzende klein bläsige Masse	undurchsichtig	Schwarz
Rubin Borax	gleichviel	Ein Glas	durchsichtig	grünlich
Rubin Sedativ-Salz	gleichviel	Eine nicht recht vollkommene geflossene auf der Oberfläche unebene gar nicht glänzende Schlackenartige blasige Masse	undurchsichtig	dunkelgrau

Die Mischung	das Verhältniß	Was daraus wird	Die Durchsichtigkeit	Die Farbe
Rubin Urin-Salz welches die Phosphor-Säure enthält	1 Theil 2 Theile	Ein Glas	durchsichtig	gelb in das grüne fallend
Rubin dreyeckiger Salpeter	1 Theil 2 Theile	Eine aufgeblähete gar nicht glänzende nicht geflossene schäumige leicht zerbrechliche Masse.	undurchsichtig	grün in das braune fallend
Rubin Minium	gleichviel	Eine geflossene glänzende schäumige großbläsige feste Masse	undurchsichtig	dunkelgrün
Rubin Kalk-Erde	gleichviel	Eine gar nicht geflossene nur wenig zusammen gebackene zwischen den Fingern leicht zerbrechliche Masse		

Zu folgenden Versuchen bediente ich mich des mit Salzsäure ausgezogenen Rubins.

Rubin allein		Eine gar nicht geflossene nur wenig zusammen gebackne zwischen den Fingern leicht zerbrechliche Masse.	undurchsichtig	Fleischfarbe
Rubin Borax	gleichviel	Eine geflossene auf der Oberfläche und im Bruche glänzende dichte zwischen den Agath und den Glaße fallende Masse	nicht vollkomen durchsichtig, doch aber durchsichtiger als ein Agath	An einigen Stellen grau an andern Fleischfarbe

Rubin angestellt wurden.

Die Mischung	das Verhältniß	Was daraus wird	Durchsichtig	Die Farbe
Rubin Urin-Salz welches die Phosphor-Säure enthält	1 Theil 2 Theile	Ein Glas	durchsichtig	gelb in das grüne fallend

Zu diesen Versuchen nahm ich den mit Salpetersäure ausgezogenen Rubin.

Die Mischung	Verhältniß	Was daraus wird	Durchsichtig	Die Farbe
Rubin Weinsteinsalz	1 Theil 2 Theile	Eine geflossene sehr klosige löchrige wenig glänzende Masse	undurchsichtig	Fleischfarbe
Rubin Mineralisches Alkali	1 Theil 2 Theile	Eine geflossene auf der Oberfläche sehr wenig im bruche gar nicht glänzende auf der Oberfläche unebene schleimige schlackenartige kleinblasige Masse	undurchsichtig	auf der Oberfläche braun im Bruche dunkelgrau
Rubin Dreyeckigter Salpeter	1 Theil 2 Theile	Eine gar nicht geflossene etwas zusammengebackene leicht zwischen den Fingern zerbrechliche auf geblähete gar nicht glänzende Masse	undurchsichtig	gelb in das graue fallend
Rubin Minium	1 Theil 2 Theile	Eine geflossene auf der Oberfläche aufgeblähete großblasige und im Bruche glänzende feste Masse	halb durchsichtig	grau

22 Verſ. die mit den Rub. angeſtellt wurden.

Dieſe Verſuche ſtellete ich mit Rubin an, der zu vor mit Vitriol Säure ausgezogen worden.

Die Miſchung	das Verhältniß	Was daraus wird	Die Durchſichtigkeit	Die Farbe
Rubin Glauberiſches Wunderſalz	1 Theil 2 Theile	Das Salz war ſchaumig gefloſſen, der Rubin in einen nicht im Fluß gekommne ſcharfzuſammen gebackne nicht glänzende Maſſe vereiniget	das ſchaumige gefloſſene halb durchſichtig, der zuſammen gebackene Rubin vollkommen durchſichtig	das ſchaumige gefloſſene Salz gelb, der zuſammen gebackene Rubin grau
Rubin Cubiſcher Salpeter	1 Theil 2 Theile	Eine gefloſſene blaſige auf der Oberfläche unebene etwas glänzende Maſſe	undurchſichtig	grau, in das braune fallend
Rubin Vitrioliſirtes Weinſteinſalz	1 Theil 2 Theile	Eine gar nicht gefloſſene nur ſehr wenig zuſammengebackene zwiſchen den Fingern leicht zerbrechliche Maſſe	undurchſichtig	gelb
Rubin Kalkerde	gleichviel	Blieb in pulverichter Geſtalt		
Rubin Kalkerde Borax	gleichviel	Ein Glas	durchſichtig	hellgrasgrün

Chimiſche Unterſuchung des orientaliſchen Saphir.

Der Nahme Saphir Saphirus (alumen lapideum coeruleum Linnei) wird einen blauen durchſichtigen Chriſtallförmigen Edelgeſtein beygelegt, welcher

Chimische Unters. des oriental. Saphir. 23

welcher durchs Reiben electrisch wird, und mit dem Stahl Feuer giebt.

Die Saphire finden sich in den morgenländischen Gegenden an eben den Orten wo man die Rubine findet. Auch in Europa findet man welche, die aber den erstern nicht an Schönheit gleich kommen.

Die Saphire, mit welchen ich die folgende Versuche anstellete, waren aus den Orient; sie hatten eine hellblaue Farbe, und konnten zu derjenigen Art gezehlet werden, die von Herr Walerius den Nahmen der wasserfärbigen Saphire erhalten hat.

Erster Versuch.

Ich that einen zwölf Gran wiegenden Saphir in einen kleinen heßischen Schmelztiegel, und setzte ihn vier Stunden lang unter einer erglüheten Muffel. Nach dieser Operation wog er nur noch $11\frac{1}{4}$ Gran sonst aber hatte er weder an seiner Farbe noch äußerlichen Ansehn irgend eine Veränderung erlitten.

Zweiter Versuch.

Ich setzte den im vorhergehenden Versuch gebrauchten Saphir in einen Schmelztiegel 14 Stunden lang unter einer glühenden Muffel, er wog nach diesem so lange anhaltenden Glühen, noch $11\frac{1}{4}$ Gran, und hatte also von seiner Schwere nichts verlohren, seine Farbe war gleichsalls unverändert geblieben.

Um so wohl die Würkung der mineralischen Säuren auf den Saphir, als die Natur der in diesen Stein enthaltenen und in diesen Säuren auflösbahren

ren Erden, zu bestimmen, stellete ich folgende Versuche mit den drey bekannten mineralischen Säuren an.

Dritter Versuch.

Ich schüttete ein halb Quentchen des in einen Agathnen Mörsel fein geriebenen Saphir, in eine kleine gläserne Retorte, goß darauf ein Quentchen Vitriolöhl, welches ich mit zwey Quentchen destilirtes Wasser verdünnte, legte einen Recipienten vor, und destilirte aus den Sandbade. Da den Anschein nach alle Flüßigkeit übergegangen, gab ich einer halben Stunde lang, ein so starkes Feuer, daß der Boden der Retorte gut glühete. Die im Recipienten übergegangene Feuchtigkeit war von einer reinen Vitriolsäure in nichts unterschieden. Im Halse der Retorte, hatte sich kein Sublimat angesetzet, (a) in der Retorte war eine gelbliche aus den Saphir Pulver bestehende Masse. Ich übergoß sie noch einmal, mit reiner Vitriolsäure, und ließ sie damit eine Zeitlang in Diegestion stehen; hierauf goß ich die Flüßigkeit nebst den Pulver auf ein Filtrum, nach geschehener Edulcoration und Trocknung wog das Pulver 24 Gran. Die filtrirte mit den Saphirpulver in Diegestion gewesene Vitriolsäure, zu welcher ich das zur Edulcoration dieses Pulvers gebrauchte Wasser gegossen hatte, ließ ich bis auf den vierten Theil verdünsten, alsdenn sättigte ich sie mit Weinsteinsalz und erhielt hierdurch einen grauen nach der Trocknung und Edulcoration 5 Gran wiegenden Niederschlag; (b) ich übergoß solchen mit Salzsäure er löſete sich darinnen vollkommen auf. Diese Auflösung ließ ich bis zur Trockenheit verdünsten, und das zurück gebliebene Residuum, erhitzte ich bis zum Glühen; da es wieder

kalt

kalt geworden, laugte ich es mit kochenden deſtilirten Waſſer aus, es blieben 3 Gran einer weißen Erde zurück, auf dieſer ließ ich einen Tropfen Vitriolgeiſt fallen, es erfolgte ein Aufbrauſen. Die auf dieſe Art mit Vitriolſäure geſättigte Erde trofnete ich mit Fließ Papier, und that ſie alsdenn auf eine glühende Kohle, ſie blähete ſich ſehr auf, wie es beym Alaun geſchiehet. Dieſe aufgeblähete Maſſe löſete ich in etlichen Tropfen deſtilirtes Waſſer auf, und ließ dieſe Auflöſung bedeckt, um ſie vor den Staub zu bewahren, an der Luft verdünſten, hierdurch erhielt ich Chriſtallen, die in allen Stucken den Alaun gleich waren, c). Die zuvor erwehnte Lauge, ſättigte ich mit Weinſteinſalz, ſie trübte ſich, und es erfolgte ein weißer Niederſchlag, der nach der Edulcoration und den Trocknen 2 Gran wog. Dieſer löſete ſich in allen Säuren mit Aufbrauſen auf, und gab mit der Vitriolſäure geſättiget, ein in allen Stücken den Seienit ähnliches Salz, (d).

Vierter Verſuch.

Ich that ein halb Quentchen (in einen Agathenen Mörſel fein geriebenen und geſchlemten) Saphir in ein kleines Glas; und da ich eine halbe Unze in die Enge gebrachte aber nicht rauchende Salzſäure darauf gegoſſen, ſetzte ich dieſe Miſchung etliche Tage in gelinder Diegeſtion, die ich zu letzt bis zum Kochen verſtärkte. Die Säure nahm eine gelbe ziemlich dunkle Farbe an, ich filtrirte ſie, und goß ſie zu den Waſſer, welches zur Edulcoration des rückſtändigen unaufgelöſten Saphir Pulvers gedienet hatte. Dieſes Pulver wog nach der Trocknung 24 Gran. Die Salzſäure, mit welcher ich die Extraction dieſes Pulvers gemacht hatte, ließ ich bis zur Trockenheit verdündünsten, und erhitzte das rückständige fire Residuum, bis zum Glühen. Dieses hatte eine braune Farbe, und an der freyen Luft gelegt, zog es die Feuchtigkeit stark an sich. Ich laugte es mit kochenden destilirten Wasser aus, es blieben 3 Gran einer rothbraunen im Wasser unauflößbahren Erde zurück. Die Lauge sättigte ich mit Weinsteinsalz, und erhielt hierdurch einen weißen Niederschlag, der nach der Edulkoration und den Trocknen 2 Gran wog; er lösete sich in den Säuren mit aufbrausen auf, und gab mit der Vitriolsäure gesättiget, ein den Selenit vollkommen ähnliches Salz, (e). Die eben erwehnte 3 Gran der im Wasser unauflößbahren roth braunen Erde, übergoß ich mit etlichen Tropfen Vitriolsäure, ließ selbige wieder davon verdünsten, und gab zuletzt eine zum glühen des rückständigen Residui, hinreichende Hitze. Dieses Residuum, laugte ich aus, es blieb ein Gran einer braunen Erde nach den Auslaugen zurück; diese Erde, nachdem sie mit Oehl angefeuchtet und geröstet, wurde von Magneten gänzlich angezogen, und in Salzsäure aufgelößt, wurde sie durch die Blutlauge zu Berlinerblau niedergeschlagen, (f). Die mit Weinsteinsalz gesättigte Lauge, gab einen $1\frac{1}{4}$ Gran wiegenden weißen Niederschlag, welcher sich in den Säuren auflösete, und mit der Vitriolsäure gesättiget, ein Salz gab, welches auf einer glühenden Kohle geworfen sich sehr aufblähete, sehr stiptisch schmeckte, und überhaupt alle Eigenschaften, des Alauns hatte.

Fünfter Versuch.

Ich übergoß ein halb Quentchen auf vor bemeldeter Art fein geriebenen und geschlemten Saphir, mit einer

des orientalischen Saphir.

einer Unze Salpetersäure, die zwar nicht rauchte, aber doch ziemlich stark concentrirt war, und setzte diese Mischung etliche Tage in gelinder Diegestion, die ich zuletzt bis zum Kochen verstärkte; die Säure färbte sich nicht merklich; ich filtrirte sie, und spühlete das rückständige Pulver mit in das Filtrum. Dieses wog nach der Edulcoration und den Trocknen 25½ Gran. Die zur Extraction gebrauchte filtrirte Salpetersäure, nebst dem zur Edulcoration des unaufgelösten Saphirs gebrauchtem Wasser, ließ ich gänzlich verdünsten; und das zurück gebliebene, den Anschein nach ganz trockne Residuum erhitzte ich bis zum Glühen, dieses wog 4 Gran (h) und verlohr durch das Auslaugen nichts von seinem Gewicht. Ich übergoß es mit Salzsäure es lösete sich darinnen vollkommen auf. Diese Auflösung ließ ich bis zur Trockenheit verdünsten, und die zurück gebliebene Erde ließ ich gelinde glühen. Hierauf laugte ich sie mit kochenden destilirten Wasser aus, es blieben nach den Auslaugen 1¾ Gran einer braunrothen Erde zurück. Die Lauge sättigte ich mit aufgelöstes Weinsteinsalz, und erhielt hierdurch einen Weißen nach den Auswaschen und Trocknen 2 Gran wiegenden in allen Säuren auflösbaren und mit der Vitriolsäure gesättiget, einen vollkommenen Selenit gebenden Niederschlag, (i). Die ebenerwehnte 1¾ Gran der nach den Auslaugen zurück gebliebenen braunrothen Erden, übergoß ich mit etlichen Tropfen Vitriolsäure, ließ sie nachher wieder verdünsten, und gab zuletzt eine den Glühen beynahe gleichkommende Hitze. Das nach dieser Operation zurück gebliebene Residuum laugte ich aus, es blieb 1¼ Gran einer braunen Erde zurück, die mit Oehl angefeuchtet, und

gelin-

gelinde geröstet, von Magneten gänzlich angezogen, in der Salzsäure aufgelöst, durch die Blutlauge zu Berlinerblau niedergeschlagen wurde, (k). Die Lauge ließ ich verdünsten, da nur ohngefähr noch ein Scrupel Feuchtigkeit zurück blieb, schossen kleine Christallen an, welche sowohl in Absicht der Gestalt und des Geschmacks, als des Aufblähens, da ich sie auf eine glühende Kohle warf, den Alaun gleich waren, (l).

Sechster Versuch.

Ich mischte ein halb Quentchen fein geriebenen Saphir, mit zwey Quentchen sehr reines Weinsteinsalz, that diese Mischung in einen aus Eisen geschmiedeten Schmelztiegel, und setzte ihn zwey Stunden im Windofen. Ich erhielt hierdurch eine geflossene ganz schwarze Farbe, die Feuchtigkeit der Luft nur wenig anziehende, im Wasser nicht leicht zu erweichende Masse. Da ich sie mit vieler Sorgfalt, um nichts davon zu verliehren, vom Tiegel abgelöst hatte, laugte ich sie mit kochenden destilirten Wasser aus, sie wog nach den Trocknen ein Quentchen, zwey Gran. Die auf das genaueste mit Salzsäure gesättigte Lauge trübte sich etwas, und es erfolgte ein weißgrauer zwey Gran wiegender Niederschlag, welcher in allen Säuren unauflösbar, und mit gleichviel Weinsteinsalz, zu einen vollkommenen Glase floß. (m). Den mit Weinstein geschmolzenen und durch das Laugen von den daran hängenden Alkali befreyten Saphir, extrahirte ich auf das genaueste mit Salzsäure, es blieben 8 Gran reiner weißen in allen Säuren unauflößbaren Erde zurück, welche allein den heftigsten Feuer ausgesetzt, keine Veränderung erlitt, mit gleich viel

Wein-

des orientalischen Saphir. 29

Weinsteinsalz vermischt zu einen gelb röthlichen vollkommenen Glase, und mit vier mahl so viel Weinsteinsalz zu einer Masse floß, die die Feuchtigkeit der Luft stark an sich zog, und sich im Wasser gänzlich auflösete, (n). Die mit Salzsäure gemachte Extraction goß ich in eine gläserne Retorte, und destilirte aus dem Sandbade, indem ich zuletzt das Feuer bis zum Glühen der Retorte vermehrte, und mit diesem Feuersgrad, eine Stunde anhielt. Die im Anfang der Destilation übergegangene Feuchtigkeit hatte keine Farbe, zuletzt aber, da ich die Hitze sehr vermehrte, nahm die in der Destilation aufsteigende Säure viel Eisentheile mit sich, welche sich meistens in dem Halse der Retorte als ein brauner Sublimat ansetzten, zum Theil aber auch mit in den Recipienten übergingen, und der darinnen seyenden Flüßigkeit, eine gelbe Farbe gaben. Das in der Retorte zurück gebliebene Residuum laugte ich mit destilirtes Wasser aus. Die Lauge hatte keine Farbe, mit feuerbeständigen Alkali gesättiget trübte sie sich, und es erfolgte ein weißer 2 Gran wiegender Niederschlag, welcher sich in allen Säuren mit aufbrausen auflöste, und mit der Vitriolsäure ein in allen Stücken den Selenit ähnliches Salz gab, (o). Nach den Auslaugen und Trocknen, wog die obenerwehnte in der Retorte zurückgebliebene Erde noch 25 Gran, ich zog sie mit Vitriolsäure aus, und es blieben 8 Gran einer bräunlichen Erde zurück, die mit Oehl angefeuchtet, von Magneten gänzlich angezogen wurde, und folglich eine reine Eisenerde war. Die mit Vitriolsäure gemachte Extraction, ließ ich gelinde verdünsten, gleich geschahe keine Christallisation, da ich aber etwas Alkali zu dieser Extraction that, so erfolgte in kurzer Zeit eine sehr gute Christallisation. Die Christallen

stallen hatten die Figur des klein Christallisirten Alauns, schmeckten sehr stiptisch, bläheten sich, auf eine glühende Kohle gelegt, sehr auf, und hatten überhaupt alle den Alaun zukommende Eigenschaften. Ich ließ diese Lauge langsam bis zur Trockenheit verdünsten, erhielt aber immer dieselben Christallen, und zuletzt etwas vitriolisirtes Weinsteinsalz, welches von den um die Christallisation zu befördern hinzugethanen Weinsteinsalz, herrührte. Den erhaltenen Alaun lösete ich in destilirtes Wasser wieder auf, und zersetzte diese Auflösung mit feuerbeständigen Alkali; ich erhielt hierdurch einen weißen schleimigen Niederschlag, welcher nach der Edulcoration und den Trocknen $17\frac{1}{2}$ Gran wog.

Es erhellet aus denen zuvorbeschriebenen Versuchen.

1) Daß ein lange anhaltendes Glühen den Saphir auf keine merkliche Art verändert, (Siehe den ersten und zweyten Versuch.)

2) Daß der Saphir keine Erde enthält, die durch die Destilation mit den Säuren flüchtig wird, (Siehe den dritten Versuch, Lit. (a)

3) Daß von 30 Gran Saphir durch die Diegestion 5 Gran in der Vitriolsäure sich auflösen (Siehe den dritten Versuch, Lit. (b)

4) Daß die Vitriolsäure durch die Diegestion aus 30 Gran Saphir 3 Gran Alaun Erde (Siehe den dritten Versuch Lit. (c) und 2 Gran Kalkerde extrahiret, (Siehe den dritten Versuch, Lit. (d).

Daß in 30 Gran Saphir $4\frac{1}{2}$ Gran solcher Erden enthalten sind, die sich durch die Salzsäure daraus extrahiren lassen, nemlich 2 Gran Kalkerde (Siehe den vierten Versuch, Lit. (e) 1 Gran Eisen-

des orientalischen Saphir.

Eisenerde, (Siehe den vierten Versuch, Lit. (f) und 1½ Gran Alaunerde, (Siehe den vierten Versuch, Lit. (g).

6) Daß von 30 Gran Saphir sich mit Hülfe der Digestion 4 Gran in der Salpetersäure auflösen, (Siehe den fünften Versuch, Lit. (h) nemlich zwey Gran Kalkerde, (Siehe den fünften Versuch, Lit. (i) 1½ Gran Alaunerde, (Siehe den fünften Versuch, Lit. (k).

7) Daß die alkalischen durch die Säure nicht aus den rohen Saphir zu extrahirenden Erden, durch die Schmelzung des Saphirs mit dem Weinsteinsalz, in allen mineralischen Säuren leicht auflösbar gemacht werden, (Siehe den sechsten Versuch.)

8) Daß ein halb Quentchen Saphir aus 10 Gran Kieselerde, (Siehe den sechsten Versuch, Lit. (m n) 2 Gran Kalkerde, (Siehe den sechsten Versuch, Lit. (o) 17½ Gran Alaunerde (Siehe den sechsten Versuch, Lit. (p) und ein Gran Eisenerde, (Siehe den vierten Versuch, Lit. (f) bestehet.

Um zu entdecken, was das Feuer allein in verschiedenen Umständen vor Veränderungen auf den Saphir hervorbringen kann: Mischte ich ihm sowohl nach als zuvor mit den Mineralischen Säuren extrahiret, in einem bestimmten Verhältniß, mit verschiedenen Salzen, Erden und metallkalken; und setzte diese Mischungen den Schmelzfeuer aus. Der Kürze wegen, habe ich diese Versuche und ihre Resultate in Tabellarischer Form gebracht, wie aus folgender Tabelle zu ersehen; sie stimmen übrigens mit den vorhergehenden so wohl überein, daß man sie als eine Bestätigung derselben ansehen kann; denn wäre der

Saphir

Saphir nicht würklich aus denen Erden zusammengesetzt, die ich darinn entdeckt habe, so würden die Erfolge dieser Versuche sehr verschieden und oft ganz entgegen gesetzt ausgefallen seyn.

Versuche,

die mit dem in einen agathenen Mörsel fein geriebenen so wohl rohen als mit den mineralischen Säuren extrahirten Saphir angestellet wurden; indem ich ihn mit verschiedenen Salzen, Erden, und Metallkalken, in einem bestimmten Verhältniß gemischt, dem Schmelzfeuer aussetzte.

Die Mischung	das Verhältniß	Was daraus wird	Die Durchsichtigkeit	Die Farbe
Saphir allein	Gr. VIII	Eine gar nicht geflossene aber sehr stark zusammen gebackne zimlich harte Masse		weiß
Saphir Weinsteinsalz	gleichviel von beyden	Eine geflossene glänzende, dem Anschein nach sehr feste Masse	undurchsichtig	grünlich
Saphir Weinsteinsalz	1 Theil 4 Theile	Eine schlackenartige leicht zerbrechliche sehr löcherige gar nicht glänzende Masse	vollkommen undurchsichtig	grünlich ins braune fallend
Saphir mineralisches Alkali	von beyden gleichviel	Eine nicht recht vollkommne geflossene auf der Oberfläche im anbruche aber nicht glänzende dichtfeste Masse	undurchsichtig	schmuzig weiß

Saphir angestellt wurden.   33

Die Mischung	das Verhältniß	Was daraus wird	Die Durchsichtigkeit	Die Farbe
Saphir Mineralisches Alkali	1 Theil 4 Theile	Eine nur hie und da etwas sehr wenig geflossene, aber sehr scharf zusammengebackne löchrige sehr feste Masse	vollkommen undurchsichtig	bräunlich
Saphir Borax	gleichviel	Ein Glas welches vielen Glanz und Feuer hatte	vollkommen durchsichtig	gelblich
Saphir Borax	1 Theil 2 Theile	Ein Glas	vollkommen durchsichtig	gelblich
Saphir das Urinsalz welches die Phosphorsäure enthält	gleichviel	Eine ganz geflossene glänzende feste Masse	sehr wenig durchsichtig	weißgelblich
Saphir das Urinsalz welches die Phosphorsäure enthält	1 Theil 4 Theile	Eine glasartige auf der Oberfläche und im Bruche sehr glänzende dem Anschein nach sehr harte Masse	durchsichtig doch nur trübe wie ein Opal	weiß sehr wenig in das bläuliche schimmernd
Saphir dreyeckiger Salpeter	gleichviel	Eine sehr aufgeblähete leicht zerbrechliche gar nicht glänzende Masse	ganz undurchsichtig	gelblich
Saphir dreyeckiger Salpeter	1 Theil 2 Theile	Eine löchrige nicht feste gar nicht glänzende Masse	ganz undurchsichtig	weiß ein klein wenig gelblich
Saphir vitriolisirter Weinstein	1 Theil 2 Theile	Eine nur wenig zusammengebackne leicht zerbrechliche gar nicht glänzende Masse	ganz undurchsichtig	grau

C

Die Mischung	das Verhältniß	Was daraus wird	Die Durchsichtigkeit	Die Farbe
Saphir Sublimat, den man erhält, wenn man den Flußspath mit einer Säure destilliret	gleich viel	Eine ganz geflossene auf der Oberfläche und im Anbruche etwas glänzende ein wenig blasige Masse	undurchsichtig	auf der Oberfläche bräunlich im Bruche aber schwarz
Saphir jetzt erwehnter Sublimat des Flußspath	1 Theil 2 Theile	Eine geflossene auf der Oberfläche rauhe im Bruche glänzende feste Masse	halb durchsichtig	grau
Saphir Flußspath	gleich viel	Eine ganz geflossene auf der Oberfläche wenig im Anbruche gar nicht glüende etwas löchrige Masse	vollkommen undurchsichtig	Aschgrau
Saphir Flußspath	1 Theil 2 Theile	Eine geflossne, auf der Oberfläche und im Bruche wie Zucker glänzende dichte feste Masse	undurchsichtig	Zimtfarbe
Saphir Kalkerde	gleich viel	Eine nicht geflossne aber sehr scharf zusammen gebackne harte Masse		weiß
Saphir Alaunerde	gleich viel	Blieb in pulverigter Gestallt		
Saphir Bittersalzerde	gleich viel	Blieb in pulverigter Gestallt		
Saphir Kieselerde	gleich viel	Eine gar nicht geflossene nur wenig zusammengebackne leicht zerbrechliche Masse		weiß

Saphir angestellt wurden.

Die Mischung	das Verhältniß	Was daraus wird	Die Durchsichtigkeit	Die Farbe
Saphir Kalkerde Borax	gleichviel	Ein Glas auf der Oberfläche wie matt geschliffene in Anbruche aber glänzende Masse	durchsichtig	gelb
Saphir Bittersalzerde Borax	gleichviel	Ein Glas	durchsichtig	hellgelb
Saphir Kieselerde Borax	gleichviel	Ein sehr schönes Glas welches viel Glanz und Feuer hatte	vollkommen durchsichtig	ohne alle Farbe
Saphir Kalkerde Alaunerde	gleichviel	Blieb in pulverigter Gestallt		
Saphir Kalkerde Bittersalzerde	gleichviel	Blieb in pulverigter Gestallt		
Saphir Kalkerde Kieselerde	gleichviel	Eine vollkommene geflossene, auf der Oberfläche und im Bruche etwas matt glänzende dichte feste Masse	sehr wenig beynahe gar nicht durchsichtig	hell apfelgrün
Saphir Alaunerde Bittersalzerde	gleichviel	Eine gar nicht geflossene nur sehr wenig zusammengebackene zwischen den Fingern leicht zerbrechliche Masse		weiß
Saphir Alaunerde Kieselerde	gleichviel	Eine gar nicht geflossene äuserst stark zusammengebackne, schwer zu zerschlagende dichte, mit dem Stahl feuergebende Masse		weiß

C 2

Die Mischung	das Verhältniß	Was daraus wird	Die Durchsichtigkeit	Die Farbe
Saphir Minium	gleichviel	Eine nur unvollkommene geflossene schlackenartige löchrige auf der Oberfläche glänzende Masse	undurchsichtig	wachsgelb
Saphir Minium	1 Theil 4 Theile	Eine geflossene nicht glänzende feste dichte Masse	undurchsichtig	grau in das gelbe fallend
Saphir Eisenkalk	4 Theile 1 Theil	Eine gar nicht geflossene nur wenig zusammen gebackene leicht zwischen den Fingern zerbrechlige Masse		Caffebraun
Saphir Eisenkalk	gleichviel	Eine gar nicht geflossene nur wenig zusammen gebackene geborstene zwischen den Fingern leicht zerreibende Masse		Schwarzbraun
Saphir Eisenkalk Alaunerde	2 Theile 1 Theil 2 Theile	Eine gar nicht im Fluß gekommene wenig zusammen gebackene leicht zwischen den Fingern zerreibliche Masse		Caffebraun
Saphir Kalkerde Alaunerde Eisenkalk	4 Theile 1 Theil 4 Theile 1 Theil	Eine gar nicht geflossene cht zwischen den Fingern zu zerreibende Masse		Zimtfarbe
Saphir Kupferkalk	gleichviel	Eine ganz geflossene auf der Oberfläche und im Anbruche wie Zukker glänzende feste und dichte Masse	ganz undurchsichtig	Braunroth
Saphir Smalte	gleichviel	Eine beynahe ganz geflossne harte schlackenartige löchrige aber doch feste Masse	vollkommen undurchsichtig	sehr dunkelblau beynahe ganz schwarz

Saphir angestellt wurden. 37

Die Mischung	das Verhältniß	Was daraus wird	Die Durchsichtigkeit	Die Farbe
Saphir Spießglaskalk	gleich viel	Eine nicht eigentlich im Fluß gewesne, doch sehr aufgeblähete löchrige schwammige leicht zerbrechliche Masse	ganz undurchsichtig	blas braun ins gelbe fallend
Saphir Zinnkalk	gleich viel	Blieb in pulverigter Gestalt		weiß
Saphir Zinkblumen	gleich viel	Eine Masse die nicht geflossen, aber äußerst stark zusammen gebacken und sehr hart war	vollkommen undurchsichtig	weiß
Saphir Kupferkalk Borax	gleich viel	Eine vollkommene geflossene Masse	ganz undurchsichtig	Oberwärts schwarz, unterwärts grün
Saphir Eisenkalk Borax	gleich viel	Eine geflossene blasige schlackenartige wenig glänzende harte Masse	ganz undurchsichtig	Schwarz
Saphir Smalte Borax	gleich viel	Ein Glas	wenn es sehr dünne, ist es durchsichtig, sonst aber wegen der zu dunkeln Farbe undurchsichtig	sehr dunkel blau
Saphir Spießglaskalk Borax	gleich viel	Eine ganz geschmolzene nicht polirte wie Zucker glänzende feste Masse	halb durchsichtig	gelb in das graue fallend
Saphir Zinnkalk Borax	gleich viel	Ein Glas	durchsichtig	gelb

C 3

Verſuche, die mit den

Die Miſchung	das Verhältniß	Was daraus wird	Die Durchſichtigkeit	Die Farbe
Saphir Zinkblumen Borax	gleichviel	Eine vollkommene gefloßne nicht glänzende ſehr feſte Maſſe	vollkommen undurchſichtig	himmelblau, und auf der Oberfläche mit einer ganz dünnen weiß gelben Rinde überzogen

Dieſe Verſuche wurden mit dem Saphir angeſtellet, der zuvor mit der Salzſäure ausgezogen worden.

Saphir allein	gr. viij.	Etwas zuſammen gebackne, aber gar nicht gefloſſene Maſſe		weiß
Saphir Weinſteinſalz	1 Theil 2 Theile	Eine ſcharf zuſammen gebackne ſehr feſte nicht glänzende Maſſe	ganz undurchſichtig	grau
Saphir mineraliſches Alkali	1 Theil 2 Theile	Eine nur zum Theil gefloſſene ſehr aufgeblähete, blaſige ſchäumige leicht zerbrechliche nicht glänzende Maſſe	vollkommen undurchſichtig	bräunlich
Saphir Borax	gleichviel	Eine vollkommene gefloſſene, im Anbruche auf der Oberfläche aber nicht glänzende feſte Maſſe	halb durchſichtig	weiß
Saphir dreyeckigter Salpeter	1 Theil 2 Theile	Eine gefloſſene ſehr aufgeblähete blaſige ſchäumige nicht glänzende harte Maſſe	undurchſichtig	Milchweiß
Saphir Cubiſcher Salpeter	1 Theil 2 Theile	Eine nicht gefloſſene etwas zuſammengebackene leicht zerbrechliche Maſſe		Zimtfarbe

Saphir angestellt wurden.

Die Mischung	das Verhältniß	Was daraus wird	Die Durchsichtigkeit	Die Farbe
Saphir das Urinsalz welches die Phosphorsäure enthält	1 Theil 2 Theile	Ein Glas	durchsichtig doch aber trübe	weiß
Saphir Minium	gleich viel	Eine geflossene auf der Oberfläche im Anbruche aber nicht glänzende schäumige Masse	sehr wenig durchsichtig	grau gelb

Folgende Versuche wurden mit dem zuvor mit Salpetersäure ausgezognen Saphir angestellet.

Saphir Glauberisches Wundersalz	1 Theil 2 Theile	Eine sehr aufgeblähete sehr schäumige auf der Oberfläche im Anbruche aber nicht glänzende leicht zerbrechliche Masse	undurchsichtig	auf der Oberfläche grau, mit schwarzen Flecken, im Bruche aber gelb
Saphir Vitriolisirter Weinstein	1 Theil 2 Theile	Eine nicht geflossene nicht glänzende wenig zusammengebackne leicht zerbrechliche Masse	undurchsichtig	weiß grünlich
Saphir Flußspath	gleich viel	Eine zusammengebackne, aber gar nicht geflossene Masse		weiß grau
Saphir Flußspath	1 Theil 2 Theile	Eine geflossene etwas glänzende löchrige im Bruche körnige feste Masse	undurchsichtig	Aschgrau

40 Verſ. die mit den Saphir angeſtellet wurd.

Die Miſchung	das Verhältniß	Was daraus wird	Die Durchſichtigkeit	Die Farbe
Saphir Sublimat, welchen man erhält wenn man den Flußspat mit einer Säure gemiſcht deſtilirt	gleichviel	Eine vollkommene gefloſſene etwas blaſige ſehr feſte im Bruche, und auf der Oberfläche glänzende Maſſe	undurchſichtig	auf der Oberfläche bräunlich, im Anbruche hellgrau
Saphir oben erwehnten Sublimat des Flußspaths	1 Theil 2 Theile	Eine unvollkommene gefloſſene ein wenig glänzend etwas blaſige aber doch feſte Maſſe	undurchſichtig	hellgrau
Saphir Kalkerde	gleichviel	Blieb in pulverigter Geſtalt		

Zu folgenden Verſuchen nahm ich den mit Vitriolſäure ausgezognen Saphir.

Saphir Kalkerde	gleichviel	Blieb in pulverigter Geſtalt		
Saphir Bitterſalzerde	gleichviel	Eine gar nicht gefloſſene wenig zuſammen gebakne leicht zwiſchen den Fingern zu zerreibende Maſſe		weiß
Saphir Kieſelerde	gleichviel	Eine nicht im Fluß geweſene nur wenig zuſammen gebackne leicht zwiſchen den Fingern zerreibliche Maſſe		weiß
Saphir Kalkerde Borax	gleichviel	Ein Glas	vollkommen durchſichtig	topaz Farbe

Die Mischung	das Verhältniß	Was daraus wird	Die Durchsichtigkeit	Die Farbe
Saphir Alaunerde Borax	gleich viel	Eine geflossene im Bruche und auf der Oberfläche nur wenig glänzend etwas blasige sehr harte und feste Masse	ganz undurchsichtig	Milchweiß
Saphir Bittersalzerde Borax	gleich viel	Ein Glas	ganz durchsichtig	hellgelb
Saphir Kieselerde Borax	gleich viel	Ein Glas, welches vielen Glanz und Feuer hat	vollkommen durchsichtig	sehr weiß

Chimische Untersuchung des orientalischen Smaragds.

Der Smaragd, Smaragdus, nitrum quarzosum viride des Linne, ist ein grüner, durchsichtiger, christallinischer Edelgestein, welcher durchs Reiben elektrisch wird, und am Stahl geschlagen Feuer giebt.

Man erhält die Smaragde aus Ceylon, Pegu, Egypten, Brasilien, dem Thale Tunia, oder Tomane; und ehemals auch aus dem Thale Manta, die aber nunmehro erschöpft seyn sollen. In Europa, als in England, Italien, Deutschland, Ungarn, Britannien ꝛc. findet man auch welche, die aber nur selten, und von schlechter Art sind.

Zu folgenden Versuchen bediente ich mich der orientalischen Smaragde.

Erster Verſuch.

Ich that einen 3 Gran wiegenden Smaragd 14 Stunden lang in einem Schmelztiegel im Probier=ofen, unter einer glühenden Muffel. Nach dieſer Operation fand ich ſein Gewicht unverändert, ſeine Farbe und Politur hatte er auch behalten, aber ſeine Durchſichtigkeit gänzlich verloren, ſo daß er das äußerliche Anſehn nach dem Chriſopas ganz ähnlich war.

Zweiter Verſuch.

Ich that ein halb Queutchen feingeriebnen und geſchlemmten Smaragd in eine gläſerne Retorte, und übergoß ſolchen mit eb n ſoviel Vitriolöl, wel=ches ich mit einer Unze deſtillirtes Waſſer verdünnte, und deſtillirte nach vorgelegten Recipienten, aus dem Sandbade, da dem Anſchein nach alle Flüßigkeit übergegangen, verſtärkte ich das Feuer, ſo, daß die Retorte glühete, und unterhielt eine halbe Stunde dieſen Feuersgrad. Die am Ende der Deſtillation in den Recipienten befindliche Flüßigkeit wär ohne Farbe, von einer reinen Vitriolſäure in nichts un=terſchieden, und es hatte ſich kein Sublimat weder am Gewölbe, noch am Halſe der Retorte angeſetzt. Das in ſelbiger zurückgebliebene weiße Reſiduum übergoß ich wieder mit Vitriolſäure, und da dieſe Miſchung einige Tage in Digeſtion geſtanden hatte, goß ich die Flüßigkeit auf ein Filtrum, und ſpülte mit deſtillirtes Waſſer das rückſtändige Pulver in das Filtrum. Dieſes wohl edulcorirte Pulver wog nach der Trocknung 25¾ Gran; die mit den auflöß=lichen Theilen des Smagds beladene und filtrirte Vitriolſäure ließ ich bis zur Trockenheit verdünſten, und

des orientalischen Smaragds. 43

und glühete das rückständige Residuum unter der Muffel. Es hatte eine bräunliche Farbe, ich laugte es mit destillirtes Wasser aus, und es blieb mir $1\frac{1}{2}$ Gran einer bräunlichen Erde zurück, welche mit Oel zu einen Teig gemacht, und gelinde geglühet, vom Magneten gänzlich angezogen, und in Salzsäure aufgelöset, durch Blutlauge zu Berliner Blau niedergeschlagen wurde. (a) Die Lauge sättigte ich mit aufgelößtes Weinsteinsalz, und erhielt hierdurch einen weißen 2 Gran wiegenden Niederschlag, welcher in allen Säuren sich mit Aufbrausen auflösete, und mit der Vitriolsäure gesättiget, ein dem Selenit vollkommen ähnliches Mittelsalz gab. (b)

Dritter Versuch.

Ich übergoß ein halb Quentchen feingeriebenen und geschlemmten Smaragd, in einem Glase, mit einer Unze concentrirte etwas rauchende Salzsäure, und ließ diese Mischung etliche Tage in gelinder Digestion stehen, die ich zuletzt bis zum Kochen der Flüssigkeit verstärkte. Die Säure hatte eine gelbliche Farbe angenommen, ich filtrirte sie, und that sie zu dem Wasser, welches zur Edulcoration des unaufgelöst gebliebenen Smaragdpulvers gedient hatte. Dieses wog nach dem Trocknen 25 Gran. Die zur Extraction gebrauchte Salzsäure ließ ich bis zur Trockenheit verdünsten, und glühete unter der Muffel das zurückgebliebene fixe Residuum. Dieses hatte eine braune Farbe, und zog die Feuchtigkeit der Luft stark an sich, ich laugte es mit destillirtes Wasser aus, es blieben $1\frac{1}{2}$ Gran einer braunen Erde zurück, die mit Oel zu einen Teig gemacht, und gelinde geglühet, vom Magneten vollkommen angezogen, und in

der

der Salzsäure aufgelöset, durch die Blutlauge zu Berliner Blau niedergeschlagen wurde. (c) Die erhaltene Lauge sättigte ich mit Weinsteinsalz, und es erfolgte ein weißer Niederschlag, der nach der Edulcoration und dem Trocknen $2\frac{1}{2}$ Gran wog; er lösete sich in allen Säuren mit Aufbrausen auf, und gab mit Vitriolsäure einen wahren Selenit. (d)

Vierter Versuch.

Ich schüttete ein halb Quentchen feingeriebenen und geschlemmten Smaragd in einem Glase, und übergoß ihn mit einer Unze gut concentrirter aber nicht rauchender Salpetersäure. Diese Mischung setzte ich einige Tage in gelinde Digestion, und verstärkte sie zuletzt bis zum Kochen. Die Säure färbte sich nicht merklich. Ich filtrirte sie, und mischte sie mit dem zur Edulcoration des zurückgebliebenen Smaragds gebrauchten destillirten Wassers, welcher, da er trocken geworden, $25\frac{1}{2}$ Gran wog. Die mit dem Smaragd in Digestion gestandene und filtrirte Salpetersäure sättigte ich mit Weinsteinsalz, und erhielt hierdurch einen bräunlichen nach dem Trocknen 4 Gran wiegenden Niederschlag, diesen übergoß ich mit etlichen Tropfen Salzsäure, er löste sich darinnen vollkommen auf. Die Auflösung, die eine dunkelgelbe Farbe hatte, ließ ich bis zur Trockenheit verdünsten, und gab zuletzt eine so starke Hitze, daß der Boden des Glases gut glühete. Ich erhielt hierdurch ein trockenes, braunes, an die Luft feucht werdendes Residuum, welches nach dem Auslaugen $1\frac{1}{4}$ Gran einer braunen Erde, zurück ließ. Die mit Oehl angefeuchtet und geröstet vom Magneten gänzlich angezogen und in Salzsäure aufgelöst, durch die

Blut-

des orientalischen Smaragds.

Blutlauge zu Berlinerblau niedergeschlagen wurde,(e). Die Lauge sättigte ich mit aufgelöstes Weinsteinsalz, und erhielt hierdurch einen weißen $2\frac{1}{4}$ Gran wiegenden, in allen Säuren mit Aufbrausen auflößbaren, und mit der Vitriolsäure zu Selenit werdenden Niederschlag. (f)

Fünfter Versuch.

Ich mischte ein halb Quentchen fein geriebenen Smaragd, mit zwey Quentchen sehr reines Weinsteinsalz, that diese Mischung in einen aus Eisen geschmiedeten Schmelztiegel, und setzte ihn zwey Stunden im Windofen; hierdurch erhielt ich eine geflossene, dichte, schwarze, nicht glänzende in Wasser schwer zu erweichende Masse. Nachdem ich sie mit vieler Sorgfalt vom Tiegel abgelöset hatte, laugte ich sie mit destilirten Wasser aus; die Lauge sättigte ich mit Salzsäure, sie trübte sich aber gar nicht, und es erfolgte kein Niederschlag. Die ausgelaugte und getrocknete, durch die Schmelzung des Smaragds mit dem Weinsteinsalze entstandene Masse, extrahirte ich mit Salzsäure, so lange bis sich nichts mehr davon in dieser Säure auflösete. Es blieben $6\frac{1}{4}$ Gran einer weißen Erde zurück, auf welche die mineralischen Säuren keine auflösende Kraft mehr äußerten. Das stärkste Schmelzfeuer veränderte diese Erde auf keinerley Art; mit gleichviel Weinsteinsalz floß sie zu ein Glas, mit drey mal so viel Weinsteinsalz, aber zu einer die Feuchtigkeit der Luft stark anziehenden, und im Wasser ganz auflösbaren Masse, (g). Die Extraction ließ ich bis zur Trockenheit verdünsten, und das zurück gebliebene dem Anschein nach trockeye Residuum glühete unter der Muffel, hierauf laugte ich
es

es mit destilirten Waſſer aus. Die Lauge hatte keine Farbe, ich ſättigte ſie mit Weinſteinſalz, und erhielt hierdurch einen weißen $2\frac{1}{2}$ Gran wiegenden Niederſchlag, welcher ſich in allen Säuren mit Aufbrauſen auflöſete, und mit der Vitriolſäure einen Selenit gab, (h). Die nach den Auslaugen zurückgebliebene Erde, hatte wegen den dabey ſeyenden Eiſentheilen eine gelbe Farbe, und wog 22 Gran, ich extrahirte ſie mit Vitriolſäure, es blieben 4 Gran einer braunen Erde zurück, die ſich in der Vitriolſäure nicht auflöſete; und die mit Oehl angefeuchtet und geröſtet, vom Magneten gänzlich angezogen wurde. Die zur Extraction gebrauchte Vitriolſäure ließ ich gelinde verdünſten, und goß etliche Tropfen aufgelöſtes Weinſteinſalz dazu, hierdurch erhielt ich Chriſtallen, welche die Geſtalt des klein chriſtalliſirten Alauns hatten, ſehr ſtiptiſch ſchmeckten; auf einer glühenden Kohle geworfen ſich ſehr aufbläheten; und überhaupt alle Eigenſchaften des Alauns hatten. Ich ſetzte die Chriſtalliſation fort, bis alle Flüßigkeit verdunſtet war; erhielt aber immer dieſelben Chriſtallen, und zuletzt ein paar Gran vitrioliſirtes Weinſteinſalz. Den erhaltenen Alaun löſete ich in deſtilirtes Waſſer auf, und ſättigte dieſe Auflöſung mit Weinſteinſalz, hierdurch erhielt ich einen weißen ſchleimig anzufühlenden Niederſchlag, welcher nach der Edulcoration und den Trocknen 18 Gran wog. (c)

Aus denen beſchriebenen Verſuchen, erſiehet man.

1) Daß der Smaragd durch ein ſtarkes und lange anhaltendes glühen, ſeine Durchſichtigkeit gänzlich verliehret, (Siehe den Erſten Verſuch.)

2) Daß die Vitriolſäure mit Hülfe der Hitze von 30 Gran Smaragd $3\frac{1}{4}$ Gran auflöſet, nemlich $1\frac{1}{4}$
Gran

der orientalischen Smaragds.

Gran Eisenerde, (Siehe den zweiten Versuch Lit. (a), und zwey Gran Kalkerde, (Siehe den zweiten Versuch Lit. (b).

3) Daß die Salpetersäure von 30 Gran Smaragd $3\frac{1}{2}$ Gran auflöset, nemlich $1\frac{1}{4}$ Gran Eisenerde, (Siehe den vierten Versuch Lit. (e), und $2\frac{1}{4}$ Gran Kalkerde, (Siehe den vierten Versuch Lit. (f).

4) Daß die Salzsäure durch die Diegestion von 30 Gran Smaragd 4 Gran extrahiret, nemlich $1\frac{1}{2}$ Gran Eisenerde, (Siehe den dritten Versuch Lit (c), und $2\frac{1}{2}$ Gran Kalkerde, (Siehe den dritten Versuch Lit. (d).

5) Daß die in den Smaragd enthaltene Alaunerde von den Säuren nicht angegriffen wird, und sich alsdenn erst in selbigen auflöset, wenn der Smaragd zuvor mit Weinsteinsalz zusammen geschmolzen, (Siehe den fünften Versuch).

6) Daß ein halb Quentchen Smaragd aus $6\frac{1}{2}$ Gran Kieselerde, (Siehe den fünften Versuch Lit. (g) $2\frac{1}{2}$ Gran Kalkerde, (Siehe den fünften Versuch Lit. (h) 18 Gran Alaunerde, (Siehe den fünften Versuch Lit. (i) und $1\frac{1}{2}$ Gran Eisenerde, (Siehe den dritten Versuch (c) bestehet.

Ich gehe zu denen Versuchen über, die ich in der Absicht anstellete, das Verhalten im Feuer, des so wohl rohen, als mit den mineralischen Säuren extrahirten Smaragds, wenn er in einen bekannten Verhältniß mit verschiedenen Salzen, Erden und Metallkalken vermischt ist zu erfahren. Diese Versuche und ihr Erfolgen, habe ich der Kürze wegen und um Weitläuftigkeiten zu vermeiden, in folgender Tabelle angezeigt.

Ver=

Versuche,

die mit den in einen agathenen Mörsel fein geriebenen, sowol rohen als mit den mineralischen Säuren extrahirten Smaragd angestellet wurden, in dem ich ihm mit verschiedenen Salzen, Erden und Metallkalken vermischt, dem Schmelzfeuer aussetzte.

Die Mischung	das Verhältniß	Was daraus wird	Die Durchsichtigkeit	Die Farbe
Smaragd allein	gr. viij.	Eine geflossene auf der Oberfläche im Bruche nicht glänzende blasige Masse	undurchsichtig	Milchweiß
Smaragd Weinsteinsalz	von Beyden gleich viel	Eine geflossene auf der Oberfläche glänzende im Bruche sehr blasige Masse	beynahe ganz undurchsichtig	schmuzig grün
Smaragd mineralisches Alkali	von Beyden gleich viel	Eine glasartige in Anbruche und auf der Oberfläche glänzende Masse	trübe durchsichtig	gelblich ins grüne spielend
Smaragd mineralisches Alkali	1 Theil 2 Theile	Ein Glas	durchsichtig	topaz Farbe
Smaragd Borax	zu gleichen Theilen	Ein Glas	vollkommen durchsichtig	hellgelb
Smaragd Sedativsalz	zu gleichen Theilen	Ein Glas	durchsichtig	weiß
Smaragd Urinsalz	1 Theil 2 Theile	Eine vollkommene geflossene auf der Oberfläche und im Anbruche glänzende feste porcellainartige Masse	undurchsichtig	weiß etwas in das grüne schimmernd

Smaragd angestellt wurden. 49

Die Mischung	das Verhältniß	Was daraus wird	Die Durchsichtigkeit	Die Farbe
Smaragd Sedativsalz	1 Theil 2 Theile	Ein Glas	durchsichtig	weiß
Smaragd dreyeckiger Salpeter	1 Theil 2 Theile	Eine geflossene auf der Oberfläche und im Bruche glänzende feste und dichte Masse	undurchsichtig	hellapfelgrün
Smaragd Cubischer Salpeter	1 Theil 2 Theile	Eine geflossene auf der Oberfläche und im Bruche glänzende dichte Masse	undurchsichtig	hellapfelgrün
Smaragd glauberisches Wundersalz	1 Theil 2 Theile	Eine vollkommene geschmolzene sehr aufgeblähete blasige glänzende Masse	vollundurchsichtig	unreinweiß
Smaragd vitriolisirter Weinstein	1 Theil 2 Theile	Eine sehr aufgeblähete löchrige schäumige glänzende Masse	undurchsichtig	weiß
Smaragd Flußspath	zugleichen Theilen	Eine geschmolzene kleinblasige auf der Oberfläche im Anbruche nicht glänzende feste Masse	vollkommen undurchsichtig	grau gelb
Smaragd Flußspath	1 Theil 2 Theile	Eine vollkommene geflossene im Anbruche und auf der Oberfläche glänzende dichte Masse	vollkommen undurchsichtig	oberwerts gelb, unten aber schwarz braun
Smaragd Sublimat, den man erhält, wenn man den Flußspath mit einer Säure gemischt der Destilation unterwirft	1 Theil 2 Theile	Eine ganz geflossene auf der Oberfläche und im Anbruche glänzende den Agath ähnliche Masse	ein wenig durchsichtig	hellgrau mit dunkel grauen Flecken und Adern

D

Die Mischung	das Verhältniß	Was daraus wird	Die Durchsichtigkeit	Die Farbe
Smaragd oben erwehnter Sublimat des Flußspath	zugleichen Theilen	Ein Glas	trübe	Meergrün
Smaragd Kieselerde	gleich viel	Eine gar nicht geflossene wenig zusammen gebackene zwischen den Fingern leicht zerbrechliche Masse	vollkommen undurchsichtig	weiß
Smaragd Kieselerde Borax	zugleichen Theilen	Ein Glas, welches einen guten Glanz und vieles Feuer hat	vollkommen durchsichtig	gelb
Smaragd Kalk-Erde	von beyden Theilen gleichviel	Eine geflossene sehr harte auf der Oberfläche allzu glänzende feste und dichte Masse	undurchsichtig	ganz hellapfelgrün
Smaragd Kalkerde Borax	zugleichen Theilen	Ein Glas	vollkommen durchsichtig	topaz Farbe
Smaragd Alaunerde	von beyden gleichviel	Eine geflossene auf der Oberfläche gut, im Bruche aber nicht glänzende, dichte feste porcellainartige Masse	undurchsichtig	Milchweiß
Smaragd Alaunerde Borax	zugleichen Theilen	Eine glasartige Masse	trübe durchsichtig	gelblich
Smaragd Bittersalzerde	von beyden gleichviel	Eine ganz geflossene auf der Oberfläche glänzende sehr feste Masse	ganz undurchsichtig	weiß mit grünlichen Flecken
Smaragd Bittersalzerde Borax	zugleichen Theilen	Ein Glas	durchsichtig	gelb

Smaragd angeſtellt wurden.

Die Miſchung	das Verhältniß	Was daraus wird	Die Durchſichtigkeit	Die Farbe
Smaragd Kalkerde Alaunerde	zugleichen Theilen	Eine gefloſſene auf der Oberfläche und im Bruche wie Zucker glänzende etwas blaſige Maſſe	undurchſichtig	grau
Smaragd Kalkerde Bitterſalzerde	zugleichen Theilen	Eine gefloſſene auf der Oberfläche glänzende im Anbruche körnigt feſte Maſſe	undurchſichtig	hellgrün ins gelbe fallend
Smaragd Kalkerde Kieſelerde	zugleichen Theilen	Eine ganz gefloſſene auf der Oberfläche und im Bruche glänzende dichte feſte den Anſchein nach ſehr harte Maſſe	am Rande ganz durchſichtig, in der Mitte aber undurchſichtig	grünlich, und wo die Maſſe durchſichtig war, hatte ſie die Farbe des Smaragds
Smaragd Alaunerde Bitterſalzerde	zugleichen Theilen	Eine gefloſſene etwas blaſige den Anſchein nach ſehr feſte auf der Oberfläche im Bruche aber nicht glänzende Maſſe	ganz undurchſichtig	weiß
Smaragd Alaunerde Kieſelerde	zugleichen Theilen	Eine nur wenig im Fluß gekommene äußerſt ſtark zuſammen gebakkene ſehr harte und dichte auf der Oberfläche etwas glänzende Maſſe	undurchſichtig	Aſchgrau
Smaragd Bitterſalzerde Kieſelerde	zugleichen Theilen	Eine gar nicht geſchmolzene aber ziemlich feſt zuſammen gebakkene doch leicht zerbrechliche Maſſe	undurchſichtig	weiß ſehr wenig in das grüne ſchimmernd

D 2

Die Mischung	das Verhältniß	Was daraus wird	Die Durchsichtigkeit	Die Farbe
Smaragd	1 Theil	Eine vollkommene geflossene glänzende feste dichte Masse	an einigen Stellen durchsichtig an andern nicht	die durchsichtigen Stellen gelb, die undurchsichtigen weiß
Minium	2 Theile			
Smaragd	4 Theile	Eine ganz geflossene schaumige Masse	undurchsichtig	braun
Eisenkalk	1 Theil			
Smaragd	2 Theile	Eine vollkommene geflossene löchrige auf der Oberfläche und im Bruche nur wenig glänzende feste Masse	ganz undurchsichtig	dunkelbraun
Eisenkalk	1 Theil			
Alaunerde	2 Theile			
Smaragd	4 Theile	Eine nicht recht vollkommene geflossene aufgeblähete Masse	undurchsichtig	dunkelbraun
Eisenkalk	1 Theil			
Kalkerde	1 Theil			
Alaunerde	4 Theile			

Zu folgenden Versuchen bediente ich mich zuvor mit Salzsäure extrahirten Smaragd, dieser ist also allemahl bey den folgenden Versuchen zu verstehen.

Smaragd allein	Gr. viij.	Eine geflossene auf der Oberfläche, im Bruche aber nicht glänzend kleinblasige porcellainartige Masse	undurchsichtig	hell apfelgrün
Smaragd	1 Theil	Eine im Fluß sehr blasige schaumige glänzende feste Masse	undurchsichtig	grünlich
Weinsteinsalz	2 Theile			
Smaragd	1 Theil	Eine ganz geflossene etwas blasige glänzende feste Masse	halb durchsichtig	etwas grünlich
Mineralisches Alkali	2 Theile			

Smaragd angestellt wurden. 53

Die Mischung	das Verhältniß	Was daraus wird	Die Durchsichtigkeit	Die Farbe
Smaragd Borax	zugleichen Theilen	Ein Glas	vollkommen durchsichtig	weiß in das grüne schimmernd
Smaragd Sedativsalz	1 Theil 2 Theile	Eine ganz geflossene auf der Oberfläche rauhe nicht glänzende im Anbruche aber glänzende feste Masse	undurchsichtig	weiß in das blaue schimmernd
Smaragd Urinsalz von der ersten Christallisation	1 Theil 2 Theile	Eine vollkommene im Fluß gewesene sehr blasige und schaumige glänzende Masse	undurchsichtig	sehr hell apfelgrün
Smaragd Minium	1 Theil 2 Theile	Eine völlig geflossene auf der Oberfläche und im Bruche glänzende glasartige feste Masse	sehr wenig durchsichtig	OlivenFarbe

Zu diesen Versuchen nahm ich den mit Salpetersäure ausgezognen Smaragd.

Smaragd Glauberisches Wundersalz	1 Theil 2 Theile	Eine sehr aufgeblähete sehr schaumige groß blasige geflossene glänzende leicht zerbrechliche Masse	undurchsichtig	gelb
Smaragd vitriolisirter Weinstein	1 Theil 2 Theile	Ein Glas	ganz durchsichtig	wie dunkelgefärbter Topas
Smaragd Flußspath	zugleichen Theilen	Eine geschmolzene nicht polirte aber auf der Oberfläche wie Zucker glänzende etwas blasige Masse	ganz undurchsichtig	unrein SchwefelFarbe

D 3

Die Mischung	Das Verhältniß	Was daraus wird	Die Durchsichtigkeit	Die Farbe
Smaragd Flußspath	1 Theil 2 Theile	Eine geschmolzene auf der Oberfläche wenig im Anbruche gar nicht glänzende etwas blasige feste Masse	ganz undurchsichtig	unrein Schwefel Farbe
Smaragd Sublimat den man erhält wenn man den Flußspath mit einer Säure gemischt destilliret	zugleichen Theilen	Eine geflossene dichte glasartige Masse	halb durchsichtig	dunkelgrün
Smaragd der vorerwehnte Sublimat des Flußspath	1 Theil 2 Theile	Eine vollkommene geflossene auf der Oberfläche und im Anbruche sehr glänzende den Agath ganz ähnliche Masse	sehr wenig durchsichtig	hellgrün, am Rande Oliven Farbe
Smaragd Kalkerde	zugleichen Theilen	Eine geflossene im Bruche und auf der Oberfläche glänzende dichte und feste Masse	halb durchsichtig	hellgrün

Die folgenden Versuche stellete ich mit dem Smaragd an, der zuvor mit der Vitriolsäure ausgezogen worden.

Die Mischung	Das Verhältniß	Was daraus wird	Die Durchsichtigkeit	Die Farbe
Smaragd Kalkerde	von beyden gleichv.	Eine ganz geflossene glasartige Masse	halb durchsichtig	hell apfelgrün
Smaragd Alaunerde	zu gleichen Theilen	Eine nur wenig im Fluß gewesene sehr scharf zusammen gebackene harte feste und dichte Masse	undurchsichtig	ganz hellgrün beynahe weiß

Smaragd angestellt wurden. 55

Die Mischung	das Verhältniß	Was daraus wird	Die Durchsichtigkeit	Die Farbe
Smaragd Bittersalzerde	von beyden gleichviel	Eine ganz geflossene wie Zucker glänzende aber nicht polirte feste dichte Masse	undurchsichtig	grünlich
Smaragd Kieselerde	gleichviel	Eine nicht geflossene nur wenig zusammen gebakkene; zwischen den Fingern leicht zerbrechliche Masse	undurchsichtig	weiß
Smaragd Kalkerde Borax	gleichviel	Ein Glas	vollkommen durchsichtig	gelb wie ein Topaz
Smaragd Alaunerde Borax	gleichviel	Eine glasartige Masse	trübe durchsichtig	weiß sehr wenig in das hell grüne spielend
Smaragd Bittersalzerde Borax	gleichviel	Ein Glas	durchsichtig	weiß gelblich
Smaragd Kieselerde Borax	gleichviel	Ein Glas	vollkommen durchsichtig	weiß sehr wenig in das hell grüne fallend

Chimische Untersuchung des morgenländischen Hyacinth.

Der Hyacinth ist ein Edelgestein der von den Herren von Linne den Namen Nitrum Quarzosum fulvum bekommen hat. Seine Farbe ist roth, fällt in das bräunliche, er ist durchsichtig wird durch Reiben elektrisch und giebt mit dem Stahl Feuer.

Ich gehe zu denen Versuchen über, die ich in der Absicht anstellete, die Bestandtheile des Hyacinth näher kennen zu lernen. Ich bediene mich hierzu der orientalischen.

Erster Versuch.

Ich that einen Hyacinth welcher 5 Gran wog in einen Treibscherben, und ließ ihn vier Stunden unter einer erglüheten Muffel stehen, nach dem Erkalten fand ich sein Gewicht weder vermehrt noch vermindert; hierauf setzte ich eben diesen Stein noch 14 Stunden unter einer glühenden Muffel, fand aber nach dieser Zeit keine Veränderung in seinem Gewicht. Seine Farbe war viel blasser geworden, und seine Oberfläche war nicht mehr glatt und polirt, sondern rauh und mit Hülfe des Vergröserungs-Glases entdeckte man hier und da kleine Gruben und Blasen.

Zwenter Versuch.

Ich that drey Hyacinthen, die zusammen 12 Gran wogen, in einen kleinen heßischen Schmelztiegel, bedeckte ihn mit einem andern darauf passenden kleinen Tiegel, verschmierte die Fugen mit Thon, und setzte ihn zwey Stunden lang in einen Windofen, der eine sehr starke Hitze gab. Nach Erkaltung des Tiegels fand ich, da ich ihn öfnete, daß die drey Hyacinten in einer dunkel leberfarbenen sehr harten, aber ganz undurchsichtigen Masse zusammen geflossen waren.

In der Absicht die Würksamkeit der Säuren, Auflösung auf den Hyacinth zu erfahren, stellete ich folgende Versuche an.

des orientalischen Hiacinth. 57

Dritter Versuch.

Ich übergoß ein halb Quentchen, das in einen agathenen Mörsel sehr fein geriebenen und geschlemten Hyacinth, mit eben so viel Vitriolöl, welches ich mit einer halben Unze destilirtes Wasser verdünnte, und setzte diese Mischung einige Tage hinter einander in gelinder Digestion, die ich aber zuletzt bis zum Kochen vermehrte; hierauf sonderte ich das rückständige und nicht aufgelöste Pulver durchs Filtriren von der Flüßigkeit ab, edulcorirte es mit vielen kochenden destilirten Wasser, und nachdem ich es hatte trocken werden lassen, fand ich, daß es noch 20 Gran wog, folglich hatte sich der dritte Theil in der Vitriolsäure aufgelöset. Die mit den Hyacinth in Digestion gestandene und filtrirte Vitriolsäure hatte keine Farbe, ich that sie nebst dem Wasser, welches zur Edulcoration des unaufgelöst gebliebenen Hyacinth Pulvers gedienet hatte in eine gläserne Retorte, und destilirte nach vorgelegten Recipienten aus dem Sandbade; da dem Anschein nach alle Flüßigkeit übergegangen war, verstärkte ich das Feuer so, daß der Boden der Retorte gut glühete. Nach Erhaltung der Gefäße, fand ich in denselben ein trocknes Residuum von einer rothen Farbe, welches $13\frac{1}{2}$ Gran wog. Ich übergoß es mit vielen kochenden destilirten Wasser, um alle auflößbaren Theile davon zu bringen. Als ich dieses Wasser nebst den Pulver filtrirte, blieb in Filtro eine rothe Erde, welche im Wasser sich nicht auflösete, und die nachdem sie getrocknet $3\frac{1}{2}$ Gran wog. Diese Erde hatte alle Eigenschaften einer reinen Eisenerde. In Salzsäure aufgelöst, wurd sie durch Zugießung des aufgelösten, mit Ochsenblut geschmolzenen Weinsteinsalz zu Berlinerblau niedergeschlagen, und nachdem ich Oehl drüber brannte, zog sie der Magnet gänzlich an (a). Die durch das Filtrum gelaufene Lauge ließ ich verdünsten, und erhielt hierdurch 9 Gran Selenit, diesen versetzte ich dadurch, daß ich ihn mit aufgelösten feuerbeständigen Alkali kochen ließ, und erhielt auf diese Art 6 Gran Kalkerde, (b).

Vierter Versuch.

Ich that ein halb Quentchen fein geriebenen und geschlemten Hyacinth in einem Glase, mit einer Unze sehr reiner etwas rauchender Salzsäure und setzte es einige Tage in Digestion, welche ich zuletzt bis zum Kochen der Flüssigkeit verstärkte. Die Säure hatte eine sehr dunkle gelbe Farbe angenommen, welche von der in den Hyacinth befindlichen, und von der Salzsäure aufgelösten Eisenerde herrührte. Ich filtrirte alles, und nachdem ich das im Filtro zuruckgebliebene Pulver wohl edulcorirt und getrocknet hatte, fand ich es 19½ Gran schwer. Die durch das Filtrum gelaufene Flüssigkeit goß ich nebst dem Wasser, welches zur Edulcoration des Pulvers gedienet hatte, in eine gläserne Retorte und gab zuletzt so starkes Feuer, daß der Boden der Retorte gut glühete. Ich fand in derselben nachdem sie erkaltet, ein braun rothes Residuum, welches die Feuchtigkeit der Luft sehr stark anzog. Ich laugte es mit destilirtes Wasser aus, und es blieben mir 4 Gran einer unauflößbaren martialischen Erde, (c). Die Lauge trübte sich mit Weinsteinsalz, und es setzte sich ein weißer Niederschlag, der nach den Aussüßen und Austrocknen 5¾ Gran wog, und alle Eigenschaften einer reinen Kalkerde hatte, (d).

Ich

des orientalischen Hiacinth.

Fünfter Versuch.

Ich stellete gleichfalls einen Versuch mit der Salpetersäure an, indem ich 30 Gran des auf oft bemeldeter Art zu bereiteten Hyacinth mit einer Unze dieser Säure in Digestion setzte, der Hyacinth verlohr 10 Gran von seinem Gewicht. Die Extraction ließ nachdem sie bis zur Trockenheit verdämpft, gleichfals $3\frac{1}{4}$ Gran Eisenerde und 6 Gran Kalkerde zurück.

Sechster Versuch.

Ich that in einen eisernen Schmelztiegel eine Mischung von 30 Gran Hyacinth und zwey Quentchen Weinsteinsalz, setzte ihm eine Stunde im Windofen und erhielt hierdurch eine harte, die Feuchtigkeit der Luft nicht anziehende, und im Wasser schwer zu erweichende Masse, die wegen den vielen damit verbundenen Eisentheilen eine ganz schwarze Farbe hatte. Ich erweichte sie mit Wasser, und laugte sie auf das beste aus. Diese Lauge trübte sich nicht, da ich sie mit Salpetersäure sättigte, auch erfolgte kein Niederschlag, ob gleich ich sie einige Tage ruhig stehen ließ. Die ausgelaugte und getrocknete Erde hatte eine ganz schwarze Farbe; ich übergoß sie mit einigen Unzen Salpetersäure, und setzte diese Mischung in Digestion, da sie wieder kalt geworden, hatte die Flüßigkeit eine Gallertartige Consistenz angenommen. Bey neuen Erwärmen bekam sie ihre vorige Flüssigkeit wieder. Die dunkle gelbe beynahe braun gefärbte Extraction goß ich auf ein Filtrum nebst der noch nicht aufgelösten Erde, und extrahirte die im Filtro gebliebene und getrocknete Erde mit einer Salzsäure, welches ich so oft wiederholte als sich noch etwas auflösete. Die zurück bleibende unauflösbare Erde hatte eine weiße Farbe, und wog 6½ Gran. Sie floß im Feuer vor sich nicht, mit gleich schwer Weinsteinsalz floß sie zu einen hellgelben durchsichtigen und vollkommnen Glase. Ein Theil dieser Erde und drey Theile Weinsteinsalz gaben eine Masse, die sich im Wasser vollkommen auflösete (e). Die mit der Salzsäure gemachte Extraction goß ich zusammen in eine gläserne Retorte, und destilirte, die alle sichtbare Flüssigkeit übergegangen war vermehrte ich das Feuer so, daß der Boden der Retorte gut glühete. Diesen Feuersgrad erhielt ich eine Stunde lang, und ließ alsdenn alles erkalten. Die zu Anfang der Destilation übergegangene Flüssigkeit hatte keine Farbe, bey verstärkten Feuer wurde sie gelb, und beym Glühefeuer kamen noch einige Tropfen, die eine dunkele braune Farbe hatten; wobey sich zugleich im Halse der Retorte ein brauner schmieriger Sublimat setzte; der, so wie ich aus der Untersuchung ersehen, blos aus dem mit der Salzsäure in die Höhe genommene und damit verbundenen Eisentheile bestand. Auch war dieses die Ursach der gelben und zuletzt braunen Farbe, der bey verstärkten Feuer übergegangene Salzsäure. Das in der Retorte zurückgebliebene feuerbeständige Residuum laugte ich mit kochenden destilirten Wasser aus. Die Lauge hatte nicht die geringste Farbe. Ich sättigte sie mit feuerbeständigen Laugensalze, und erhielt 6 Gran eines weißen Niederschlags der in allen Säuren auflößbar war, und mit der Vitriolsäure ein in allen Stücken den Selenit ähnliches Salz gab. Das ausgelaugte Residuum wog 34 Gran, (f) also 4 Gran mehr, als der mit den Alkali geschmolzenen Hyacinth. Diese Zunahme des Gewichts kann nur allein von den Eisen des Tiegels herrühren; welches das Alkali aufgelöset hat. Da ich

des orientalischen Hiacinth. 61

nun mehr aus den vorher angeführten Versuch schließen konnte, daß diese Erde Alaunerde war, so lösete ich sie in Vitriolsäure auf. Die Auflösung goß ich in eine gläserne Retorte, abstrahirte alle Flüßigkeit, und gab zuletzt eine halbe Stunde gelindes Glühefeuer. Nach Abkühlung der Gefäße, sprengte ich die Retorte, übergoß das in selbiger befindliche Residuum mit kochenden destilirten Wasser, und erhielt hierdurch eine klare Lauge, und 12 Gran einer braunrothen unauflösbaren Erde, die nach den damit gemachten Proben eine reine Eisenerde war. Die Lauge ließ ich langsam und bey gelinder Wärme verdünsten, gleich erfolgte keine Cristallisation, sie gieng aber sehr leicht und gut von statten, da ich einige Tropfen von aufgelösten feuerbeständigen Laugensalz dazu gethan hatte. Die Cristallen, die ich erhielt, hatten die Figur des klein chrystallisirten Alauns, und alle andern diesen Salz zukommende Eigenschaften. Ich setzte die Cristallisation fort, bis alle Flüßigkeit verdünstet war, und erhielt bis zuletzt immer dieselben Cristallen. Den, bey diesem Versuch erhaltenen Alaun, lösete ich in destilirtes Wasser auf, sättigte diese Auflösung mit Weinsteinsalz, und erhielt auf diese Art einen weißen nach der Edulkoration und Trocknen, $12\frac{1}{2}$ Gran wiegenden Niederschlag (g).

Es erhellet aus diesen jetzt beschriebenen Versuchen.

1) Daß der Hyacinth durch ein anhaltendes Glühen etwas von seiner Farbe verliehret, (Siehe den ersten Versuch, und im Schmelzfeuer, in einen vollkommenen Fluß gehet, (Siehe den zweyten Versuch.)

2) Daß der Hyacinth keine Erde enthält, die durch die Destilation mit den mineralischen Säuren flüchtig wird.

3) Daß

3) Daß die Vitriolsäure mit Hülfe der Digestion von 30 Gran Hyacinth 9½ Gran auflöset, nemlich 3¼ Gran Eisenerde, (Siehe den dritten Versuch Lit. (a) und 6¼ Gran Kalkerde, (Siehe den dritten Versuch Lit. (b).

4) Daß die Salzsäure aus 30 Gran Hyacinth 9¼ Gran extrahirt, nemlich 4 Gran Eisenerde, (Siehe den vierten Versuch Lit. (c), und 5¼ Kalkerde, (Siehe den vierten Versuch Lit. (d)

5) Daß die Salpetersäure von 30 Gran Hyacinth 9¼ Gran mit Hülfe der Digestion auflöset, nemlich 3¼ Gran Eisenerde, und 6 Gran Kalkerde, (Siehe den fünften Versuch.)

6) Daß die in dem Hyacinth enthaltene unauflösbahre Alaunerde, dadurch, daß man den Hyacinth mit Weinsteinsalz zusammen schmelzet, in allen Säuren auflösbar gemacht wird.

7) Daß ein halb Quentchen Hyacinth aus 4 Gran Eisenerde, (Siehe den vierten Versuch Lit. (c) 6¼ Gran Kieselerde, (Siehe den sechsten Versuch, Lit. (e), 6 Gran Kalkerde (Siehe den sechsten Versuch Lit. (f), und aus 12½ Gran Alaunerde, (Siehe den sechsten Versuch Lit. (g) bestehet.

Ich schließe mit denen Versuchen die ich in der Absicht anstellete, das Verhalten das mit verschiedenen Salzen und Erden, in einen bestimmten Verhältniß gemischten Hyacinth im Feuer zu erfahren. Der Kürze wegen habe ich diese Versuche und ihre Resultaten im folgender Tabelle beschrieben.

Versuche,

die mit den in einen agathenen Mörsel fein geriebenen orientalischen Hyacinth angestellet wurden, indem ich ihn mit verschiedenen Salzen, Erden und Metallkalken in einen bestimmten Verhältniß gemischt, dem Schmelzfeuer aussetzte.

Die Mischung	das Verhältniß	Was daraus wird	Die Durchsichtigkeit	Die Farbe
Hyacinth allein	gr. viij.	Eine geflossene wenig glänzende im Bruche klein blasige feste Masse	undurchsichtig	braun
Hyacinth Weinsteinsalz	gleich viel	Eine schlackenartige nur am Rande des Tiegels etwas im Fluß gekommene Masse	undurchsichtig	braun in das gelbe fallend
Hyacinth mineralisches Alkali	gleich viel	Eine vollkommene geflossene auf der Oberfläche und im Bruche glänzende Jaspis ähnliche Masse	undurchsichtig	Schwarz
Hyacinth Borax	1 Theil 2 Theile	Ein Glas	durchsichtig	gelb
Hyacinth Sedativsalz	gleich viel	Ein Glas	durchsichtig	gelb in das grüne fallend
Hyacinth vitriolisirtes Weinsteinsalz	gleich viel	Eine geflossene wenig glänzende blasige Masse	undurchsichtig	Schwarz
Hyacinth Urinsalz welches die Phosphorsäure enthält	gleich viel	Eine geflossene auf der Oberfläche, im Bruche aber nicht glänzende sehr blasige Masse	undurchsichtig	grau

Die Mischung	das Verhältniß	Was daraus wird	Die Durchsichtigkeit	Die Farbe
Hyacinth Glaubertisches Wunderſalz	gleich viel	Eine gefloſſene glänzende blaſige ſchaumige auf der Oberfläche unebene Maſſe	halb durchſichtig	braun in die dunkele oliven Farbe fallend
Hyacinth dreyeckigter Salpeter	gleich viel	Eine gefloſſene glänzende ſehr blaſige ſchaumige auf der Oberfläche glasartige Maſſe	undurchſichtig	grau
Hyacinth Cubiſcher Salpeter	gleich viel	Eine gefloſſene wenig glänzende ſchaumige Maſſe	halb durchſichtig	braun
Hyacinth Küchenſalz	gleich viel	Eine gefloſſene auf der Oberfläche etwas, im Bruche gar nicht glänzende klein blaſige Maſſe	undurchſichtig	auf der Oberfläche braun, im Bruche Schiferfarbe
Hyacinth Flußſpath	gleich viel	Eine gefloſſene auf der Oberfläche und im Bruche keine Politur habende wie Zucker glänzende klein blaſige Maſſe	undurchſichtig	grün gelb
Hyacinth Minium	gleich viel	Ein Glas	durchſichtig	hellgrün
Hyacinth Kieſelerde	gleich viel	Eine gar nicht gefloſſene ſehr ſchwarz zuſammen gebackene ſchwer zu zerſchlagende Maſſe	undurchſichtig	grau gelb
Hyacinth Kieſelerde Borax	1 Theil 1 Theil 2 Theile	Eine gefloſſene ſehr ſchaumige groſ blaſige glänzende Maſſe	undurchſichtig	braun in die Olivenfarbe fallend

Hiacinth angestellt wurden.

Die Mischung	das Verhältniß	Was daraus wird	Die Durchsichtigkeit	Die Farbe
Hyacinth Kalkerde	gleich viel	Eine nur unvollkommene geflossene an einigen Stellen glänzende Masse	undurchsichtig	braun
Hyacinth Kalkerde Borax	1 Theil 1 Theil 2 Theile	Ein Glas	durchsichtig	Topasfarbe
Hyacinth Bittersalzerde	gleich viel	Eine gar nicht geflossene wenig zusammen gebackene zwischen den Fingern leicht zerbrechliche Masse	undurchsichtig	gelblich
Hyacinth Bittersalzerde Borax	1 Theil 1 Theil 2 Theile	Ein Glas	durchsichtig	gelb
Hyacinth Alaunerde	gleich viel	Eine gar nicht geflossene nur wenig zusammen gebackne leicht zwischen den Fingern zerbrechliche Masse	undurchsichtig	bräunlich
Hyacinth Alaunerde Bittersalzerde	gleich viel	Eine geflossene etwas glänzende Masse	undurchsichtig	hellgrau
Hyacinth Bittersalzerde Kalkerde	gleich viel	Eine geflossene auf der Oberfläche matt, im Aufbruche gar nicht glänzende dichte Masse	undurchsichtig	Schiferfarbe

E

Zu folgenden Versuchen bediente ich mich, das zuvor mit der bey jeden Versuchen benannten Säuren ausgezogenen Hyacinth.

Die Mischung	das Verhältniß	Was daraus wird	Die Durchsichtigkeit	Die Farbe
mit der Salzsäure ausgezogener Hyacinth		Eine geflossene wenig glänzende im Bruche klein blasige feste Masse	undurchsichtig	braun
mit der Salpetersäure ausgezogner Hyacinth		wie im vorhergehenden Versuch		
mit der Vitriolsäure ausgezogener Hyacinth		wie im vorhergehenden Versuch		
mit der Vitriolsäure ausgezogner Hyacinth Borax	gleichviel	Ein etwas blasiges Glas	durchsichtig	gelb
mit der Vitriolsäure ausgezogner Hyacinth Sedativsalz	gleichviel	Ein Glas	durchsichtig	gelb
mit der Vitriolsäure ausgezogner Hyacinth. Urinsalz, welches die Phosphorsäure enthält	gleichviel	Eine nur unvollkommene und zum Theil geflossene fast gar nicht glänzende sehr aufgeblähete schaumige groß blasige Masse	undurchsichtig	hellgrün
mit der Vitriolsäure ausgezogner Hyacinth dreyeckigter Salpeter	gleichviel	Eine geflossene sehr aufgeblähete auf der Oberfläche wenig in Bruche gar nicht glänzende Masse	undurchsichtig	braun

Hiacinth angestellt wurden.

Die Mischung	das Verhältniß	Was daraus wird	Die Durchsichtigkeit	Die Farbe
mit der Vitriolsäure ausgezogner Hyacinth Minium	1 Theil 2 Theile	Eine geflossene Glasartige Masse	trübe durchsichtig	braun
mit der Vitriolsäure ausgezogner Hyacinth	gleichviel	Ein Glas	durchsichtig	grasgrün
mit der Vitriolsäure ausgezogner Hyacinth Kalkerde	gleichviel	Eine nicht geflossene äußerst stark zusammen gebakkene harte und feste Masse	undurchsichtig	gelb in das graue fallend

Chimische Untersuchung der Böhmischen Granaten.

Der Granat Borax Granatus des Herrn von Linne, ist ein durchsichtiger rother, im Anbruche glashafter christallförmiger Edelgestein, welcher durch Reiben electrisch wird, und am Stahl geschlagen Feuer giebt.

Dieser Stein findet sich häufig: Die morgenländischen kommen aus Ceylon, Cambaja, Calecut, Syrien, Armenien ꝛc. und die Europäischen, aus Norwegen, Schweden, Grönland, Sibirien, Spanien, Sardinien, die Schweiz, Tirol, Ungarn, den carpatischen Gebürgen Böhmen, Sachsen, Schlesien, den Brisgau, ꝛc.

Zu gegenwärtigen Untersuchungen bediente ich mich der Böhmischen Granaten.

Erster Versuch.

Ich that etliche Granaten in einen Schmelztiegel, vier Stunden lang im Probierofen unter der Muffel, sie verlohren weder ihre Farbe noch ihre Durchsichtigkeit, und ihr äußerliches Ansehen überhaupt war unverändert geblieben.

Zweiter Versuch.

Ich wiederholte den vorhergehenden Versuch, indem ich die Muffel in einem beständigen Weißglühen erhielt, und die Granaten 14 Stunden darunter stehen ließ. Hierdurch verlohren sie ihre Durchsichtigkeit, wurden braun, ihre Oberfläche verlohr die Glätte und Politur, und sie wurden rauh, als hätten sie angefangen im Fluß zu kommen.

Dritter Versuch.

Ich setzte ein Quentchen fein geriebenen Granat, zwey Stunden unter der Muffel, und erhielt hierdurch eine braune sehr harte scharfzusammen gebackene Masse, die aber nicht in aller geringsten geflossen war.

Vierter Versuch.

Ich that zwey Quentchen fein geriebenen Granat in eine gläserne Retorte, übergoß ihn mit eben so viel Vitriolöhl, welches ich zuvor mit einer Unze destilirtes Wasser verdünnt hatte, legte einen Recipienten vor und destilirte aus dem Sandbade. Da alle Flüßigkeit übergegangen, verstärkte ich das Feuer bis zum Glühen der Retorte. Die übergegangene Flüßigkeit

der Böhmischen Granaten.   69

ßigkeit hatte einen erstickenden, der flüchtigen Schwefelsäure gleichkommenden Geruch, sie trübte sich aber mit dem Weinsteinsalze nicht, und war überhaupt sonst von einer reinen Vitriolsäure in nichts unterschieden. Das in der Retorte zurück gebliebene Granat Pulver, war auf der Oberfläche weiß, und hatte die den rohen Granat Pulver eigene Farbe verlohren. Ich laugte es mit kochenden destilirten Wasser aus, und da es trocken geworden, fand ich, daß es ein Quentchen und 11 Gran wog. Die Lauge hatte eine etwas gräuliche Farbe, ich sättigte sie mit aufgelöstes reines Weinsteinsalz, und erhielt hierdurch einen bräunlichen nach der Edulkoration und den Trocknen 48 Gran wiegenden Niederschlag, (a). Ich übergoß ihn mit Salzsäure, er lösete sich darinnen vollkommen auf; diese Auflösung hatte eine dunkelgelbe Farbe, ich ließ sie bis zur Trockenheit verdünsten, und glühete das zurückgebliebene Feuerbeständige Residuum unter der Muffel, es blähete sich etwas auf, hatte eine braune Farbe, und an der Luft gelegt zog es die Feuchtigkeit stark an. Dieses Residuum laugte ich mit destilirtes Wasser aus, es blieben 41 Gran einer braunen Erde zurück. Die Lauge hatte keine Farbe, ich sättigte sie mit Weinsteinsalz, und erhielt hierdurch einen weißen nach der Edulkoration und den Trocknen $6\frac{1}{2}$ Gran wiegenden, in allen Säuren mit Aufbrausen auflösbahren, und mit der Vitriolsäure einen Selenit gebenden Niederschlag, (b). Die braune zurückgebliebene Erde extrahirte ich mit Vitriolsäure, es blieben nach der Edulkoration 10 Gran einer rothen Erde zurück. Die mit Oehl angefeuchtet und geröstet, vom Magneten angezogen wurde, (c). Die zur Extraction gebrauchte Vitriolsäure, ließ ich bis zur Trockenheit verdünsten, und es blieb eine weiße sehr aufgeblähete Masse zurück

zurück, ich übergoß sie mit etwas Waſſer, ſie löſete ſich darinnen vollkommen auf, und dieſe Auflöſung gab durch eine gelinde und langſamen Verdünſtung Chriſtallen, die die Figur des klein chriſtalliſirten Alauns hatten. Dieſes Salz ſchmeckte ſehr ſtiptiſch, auf einer glühenden Kohle geworfen blähete es ſich ſehr auf, und hatte überhaupt alle den Alaun zukommende Eigenſchaften. Ich löſete dieſes Salz in deſtilirtes Waſſer auf, ſättigte dieſe Auflöſung mit feuerbeſtändigen Laugenſalze, und erhielt hierdurch einen weißen nach der Edulcoration und den Trocknen 2 Gran wiegenden Niederſchlag (d).

Fünfter Verſuch.

Ich übergoß in einen Glaſe ein Quentchen fein geriebenen Granat mit zwey Unzen Salzſäure, und ſetzte dieſe Miſchung einige Tage in gelinder Digeſtion, die ich zuletzt bis zum Kochen verſtärkte. Die Säure nahm eine braune Farbe an, ich filtrirte ſie und goß ſie zu dem Waſſer, mit welches ich das zurückgebliebene unaufgelöſte GranatPulver edulcorirt hatte; dieſes war beynahe ganz weiß, hatte faſt gänzlich die den Granat eigene rothe Farbe verlohren, und wog ein halb Quentchen 13½ Gran. Die zur Extraction gebrauchte Salzſäure hatte eine braune Farbe, die ſich, da ich ſie zu den Waſſer goß, mit welchen ich das unaufgelöſte Pulver edulcorirt hatte, in eine grüne verwandelte. Ich ließ ſie bis zur Trockenheit verdünſten, und glühete das zurück gebliebene feuerbeſtändige Reſiduum unter der Muffel aus, es hatte eine braune Farbe, und zog die Feuchtigkeit der Luft ſtark an ſich. Ich unterſuchte es auf eben die Art, wie im vorhergehenden Verſuch; das Reſiduum welches der Böhmischen Granaten. 71

ches zurück blieb, da ich die Auflösung der Erden die die Vitriolsäure aus den Granat extrahirt hatte, in der Salzsäure bis zur Trockenheit verdünsten ließ, und fand daß es aus 6½ Gran einer in allen Säuren auflösbaren mit der Vitriolsäure einen Selenit gebende Erde (e). aus 6 Gran einer Erde, die mit Oehl angefeuchtet und geröstet vom Magneten gänzlich angezogen wurde; die sich in der Salzsäure auflösete, und durch die Blutlauge zu Berlinerblau niedergeschlagen wurde, (f) und aus 3 Gran einer Erde die mit der Vitriolsäure gesättiget, ein den Alaun in allen Stücken gleiches Salz gab (g).

Sechster Versuch.

Ich that ein Quentchen fein geriebenen Granat in ein Glas, übergoß ihn mit zwey Unzen Salpetersäure, und ließ diese Mischung einige Tage in gelinder Digestion stehen, die ich zuletzt bis zum Kochen verstärkte. Die Säure hatte eine grüne Farbe angenommen, ich filtrirte sie, und spühlete das unaufgelöste Granatpulver mit in das Filtrum. Dieses hatte nur wenig von seiner ihn eigenen Farbe verlohren, und wog ein halb Quentchen 12½ Gran. Die mit den auflößbaren Erden des Granats beladene Salpetersäure sättigte ich mit Weinsteinsalz, und erhielt hierdurch einen 16⅛ Gran wiegenden bräunlichen Niederschlag (h). Diesen lösete ich in Salzsäure auf, und trennte auf die schon oft beschriebene Art die verschiedenen Erden, aus welchen er zusammen gesetzt war, und fand, daß er aus 6 Gran einer in allen Säuren auflösbaren, mit der Vitriolsäure einen Selenit gebende Erde (i). aus 3 Gran einer Erde, die mit Oehl angefeuchtet und gelinde geglühet, vom Magneten

neten gänzlich angezogen in der Salzsäure sich vollkommen auflösete, durch Blutlauge zu Berlinerblau niedergeschlagen wurde, (k) und aus 7 Gran einer Erde, die mit der Vitriolsäure gesättiget, einen wahren Alaun gab (l) bestand.

Siebenter Versuch.

Ich mischte ein halb Quentchen fein geriebenen Granat mit zwey Quentchen sehr reines Weinsteinsalz, that diese Mischung in einen geschmiedeten eisernen Schmelztiegel, und setzte ihn zwey Stunden im Windofen. Ich erhielt hierdurch eine harte, schwarze geflossene die Feuchtigkeit der Luft nur wenig anziehende, und im Wasser nicht leicht zu erweichende Masse. Nachdem ich sie mit aller möglichen Genauigkeit vom Tiegel abgelöset hatte, laugte ich sie mit destilirtes Wasser aus. Die Lauge sättigte ich mit Salzsäure, und erhielt hierdurch einen $2\frac{1}{4}$ Gran wiegenden weißen Niederschlag, welcher durch das heftigste Feuer keine Veränderung erlitt, in allen Säuren unauflösbar war, und mit gleichviel Weinsteinsalz zu einen vollkommenen Glase floß (m). Die nach den Auslaugen zurück gebliebene Erde, extrahirte ich so lange mit Salzsäure, als sich irgend noch etwas davon auflösete. Es blieben nach dieser Arbeit 12 Gran einer Erde zurück, auf welche die mineralischen Säuren nicht die geringste auflösende Kraft mehr äußerten. Diese reine Erde veränderte sich im Schmelzfeuer, auf keinerley Art, sie floß mit gleichviel Weinsteinsalz zu ein vollkommenes grün gefärbtes Glas, und mit vier mahl so viel Weinsteinsalz zu einer an der Luft zerfließenden, im Wasser ganz auflösbaren Masse (n). Die mit Salzsäure gemachte Extraction ließ ich bis zur
Trocken-

der Böhmischen Granaten.

Trockenheit verdünsten, und gab zuletzt eine so starke Hitze, daß das zurückgebliebene trockere Residuum gut glühete. Diesen Feuersgrad unterhielte ich eine ganze Stunde, um die Salzsäure von allen Erden zu bringen, an welchen sie nicht fest genug hänget, um der verflüchtigenden Kraft des Feuers zu widerstehen. Das hierdurch erhaltene feuerbeständige Residuum laugte ich mit kochenden destilirten Wasser aus; diese Lauge sättigte ich mit Weinsteinsalz, und erhielt hierdurch einen weißen $3\frac{1}{2}$ Gran wiegenden Niederschlag, der sich in allen Säuren auflösete, und mit der Vitriolsäure gesättiget, einen wahren Selenit gab (c). Die ausgelaugte zurück gebliebene Erde, extrahirte ich mit Vitriolsäure. Es blieb eine braune Erde zurück, die von der Vitriolsäure nicht aufgelöst wurde. Diese Erde wurde, nachdem sie mit Oehl zu einem Teig gemacht und gelinde geglühet, vom Magneten gänzlich angezogen, sie lösete sich in der Salzsäure gänzlich auf, und wurde durch Blutlauge zu Berlinerblau niedergeschlagen. Die zur Extraction gebrauchte Vitriolsäure ließ ich gelinde verdünsten, und that einige Tropfen aufgelöstes Weinsteinsalz dazu. Hierdurch erhielt ich Christallen, die den klein christallisirten Alaun in Absicht der Gestalt vollkommen ähnlich waren, sie hatten einen sehr stiptischen Geschmack, auf eine glühende Kohle gelegt bläheten sie sich auf, und hatten überhaupt alle den Alaun zukommende Eigenschaften. Ich fuhr mit der Verdünstung der Extraction bis zur gänzlichen Eintrocknung fort, erhielt aber immer dieselben Christallen, und einige Gran vitriolisirtes Weinsteinsalz, die von der um die Christalisation zu befördern hinzugethanen Alkalischen Lauge herrührten. Den erhaltenen Alaun lösete ich in destilirtes Wasser auf, und sättigte diese Auflösung mit

Wein-

Weinsteinsalz. Ich erhielt hierdurch einen weißen den Anfühlen nach schleimigen Niederschlag, welcher nach der Edulcoration und den Trockenen 9 Gran wog (p).

Aus allen jetzt beschriebenen Versuchen ist zu ersehen:

1) Daß ein geringes Glühen den Granat auf keine merkliche Art verändert, (Siehe den ersten Versuch) ein stärkeres und anhaltendes Glühen ihn beynahe im Fluß bringet, (Siehe den zweiten Versuch, und er im Schmelzfeuer in einen vollkommenen Fluß gehet (Siehe den ersten Versuch, folgender Tabelle).

2) Daß die Vitriolsäure mit Hülfe einer scharfen Digestion von 2 Quentchen Granat 48 Gran auflöset, (Siehe den ersten Versuch Lit. (a) nemlich $6\frac{1}{2}$ Gran Kalkerde (Siehe den vierten Versuch, Lit. (b), 10 Gran Eisenerde, (Siehe den dritten Versuch Lit. (c) und 24 Gran Alaunerde, (Siehe den dritten Versuch Lit. (d).

3) Daß die Salzsäure durch die Digestion aus ein Quentchen Granat $15\frac{1}{4}$ Gran extrahiret, nemlich $6\frac{1}{2}$ Gran Kalkerde (Siehe den fünften Versuch Lit. (e), 6 Gran Eisenerde (Siehe den fünften Versuch Lit. (f), und drey Gran Alaunerde (Siehe den fünften Versuch Lit. (g).

4) Daß die Salpetersäure mit Hülfe der Digestion von ein Quentchen Granat $16\frac{1}{2}$ Gran auflöset (Siehe den sechsten Versuch Lit. (h), und zwar 6 Gran Kalkerde (Siehe den sechsten Versuch Lit. (i), 3 Gran Eisenerde (Siehe den sechsten Versuch Lit. (k), und 7 Gran Alaunerde, (Siehe den sechsten Versuch Lit. (l).

5) Daß ein beträchtlicher Theil, der in den Granat enthaltenen in den Säuren unauflösbaren

der Böhmischen Granaten.

Alaunerde, dadurch daß man den Granat mit den Alkali zusammen schmelzet, sehr auflösbar gemacht wird (Siehe den siebenden Versuch.

6) Daß ein halb Quentchen Granat aus $14\frac{1}{2}$ Gran Kieselerde (Siehe den siebenden Versuch, Lit. (m n), $3\frac{1}{2}$ Gran Kalkerde (Siehe den siebenden Versuch Lit. (o), aus 9 Gran Alaunerde (Siehe den siebenden Versuch Lit. (p), und aus 3 Gran Eisenerde (Siehe den fünften Versuch Lit. (f) bestehet.

Aus folgender der Kürze wegen in Tabellarischer Form gebrachte Versuche siehet man, was das Schmelzfeuer auf den Granat, so wohl wenn er roh, als mit den mineralischen Säuren extrahiret, und mit verschiedenen Salzen, Erden und Metallkalken in einen bestimmten Verhältniß gemischt, vor Veränderungen hervorbringt.

Versuche,

die mit den in einen agathenen Mörsel fein geriebenen, so wol rohen als mit den mineralischen Säuren extrahirten Böhmischen Granat angestellet wurden; indem ich ihn mit verschiedenen Salzen, Erden und Metallkalken in einem bestimmten Verhältniß gemischt, dem Schmelzfeuer ausseßte.

Die Mischung	das Verhältniß	Was daraus wird	Die Durchsichtigkeit	Die Farbe
Granat allein	gr. viij.	Eine geflossene auf der Oberfläche und im Bruche nicht glänzende blasige harte und feste Masse	undurchsichtig	schwarzbraun

Die Mischung	das Verhältniß	Was daraus wird	Die Durchsichtigkeit	Die Farbe
Granat Weinsteinsalz	1 Theil 6 Theile	Eine schlackenartige gar nicht glänzende Masse	unburchsichtig	grün gelb
Granat Weinsteinsalz	1 Theil 12 Theile	Eine schaumige gar nicht glänzende leicht zerbrechliche Masse	unburchsichtig	schwefelgelb
Granat mineralisches Alkali	1 Theil 2 Theile	Eine geflossene auf der Oberfläche und im Bruche wie Zucker glänzende nicht polirte dichte Masse	unburchsichtig	Schieferfarbe in Bruche auf der Oberfläche Olivenfarbe
Granat mineralisches Alkali	1 Theil 8 Theile	Eine geflossene, weder auf der Oberfläche noch im Bruche glänzende dichte und feste Masse	unburchsichtig	auf der Oberfläche grau, in Bruche schwarz
Granat mineralisches Alkali	1 Theil 12 Theile	Eine geflossene nicht glänzende an der Luft verwitternde Masse	unburchsichtig	schwarz, wenn sie verwittert wird sie weiß
Granat Borax	von beyden gleich viel	Eine vollkommene geflossene auf der Oberfläche und im Bruche sehr glänzende dem Anschein nach sehr feste den Agath ähnliche Masse	halb durchsichtig	braun
Granat Borax	1 Theil 2 Theile	Eine vollkommene geflossene auf der Oberfläche und im Bruche glänzende agathartige Masse	ganz undurchsichtig	braun
Granat Sedativsalz	von beyden gleich viel	Eine vollkommene geflossene auf der Oberfläche und im Bruche glänzende glasartige Masse	halb durchsichtig	Olivenfarbe

Böhmis. Granaten angest. wurden.

Die Mischung	das Verhältniß	Was daraus wird	Die Durchsichtigkeit	Die Farbe
Granat Sedativsalz	1 Theil 2 Theile	Eine geflossene auf der Oberfläche und in Bruche glänzende dichte feste agathartige Masse	halb durchsichtig	dunkelgrün ins blaue schimmernd
Granat dreyeckigter Salpeter	1 Theil 2 Theile	Eine geflossene auf der Oberfläche und in Bruche matt glänzende Jaspisartige Masse	undurchsichtig	Olivenfarbe
Granat dreyeckiger Salpeter	gleich viel	Eine geflossene auf der Oberfläche und in Bruche glänzende dichte agathartige Masse	halb durchsichtig	braun
Granat Cubischer Salpeter	1 Theil 2 Theile	Eine geflossene nicht glänzende kleinblasige feste Masse	undurchsichtig	bräunlich
Granat Cubischer Salpeter Weinsteinsalz	1 Theil 2 Theile 3 Theile	Eine geflossene sehr schaumige schlackenartige so wohl auf der Oberfläche als in Bruche glänzende feste Masse	undurchsichtig	auf der Oberfläche schwarz mit streifen verschiednen Farben, in Bruche röthlich
Granat Cubischer Salpeter Borax	1 Theil 2 Theile 2 Theile	Ein Glas	durchsichtig	braun
Granat Cubischer Salpeter Sedativsalz	1 Theil 2 Theile 2 Theile	Eine vollkommene geflossene auf der Oberfläche und im Bruche glänzende dichte agathartige Masse	halb durchsichtig	braun
Granat Urinsalz, welches die Phosphorsäure enthält	von beyden gleich viel	Eine nicht recht vollkommene geflossene nicht glänzende blasige Masse	undurchsichtig	braun

Die Mischung	das Verhältniß	Was daraus wird	Die Durchsichtigkeit	Die Farbe
Granat Urinsalz, welches die Phosphorsäure enthält	1 Theil 2 Theile	Eine geflossene auf der Oberfläche und im Bruche nur wenig glänzende etwas blasige Masse	undurchsichtig	auf der Oberfläche braun, in Bruche Olivenfarbe
Granat Küchensalz	von beyden gleichviel	Eine geflossene auf der Oberfläche etwas in Bruche gar nicht glänzende den Jaspis ähnliche, dichte und feste Masse	undurchsichtig	hellbraun
Granat Küchensalz	1 Theil 2 Theile	Eine geflossene auf der Oberfläche und im Bruche wenig glänzende etwas blasige Masse	undurchsichtig	grün in das braune fallend
Granat Küchensalz Weinsteinsalz	1 Theil 1 Theil 3 Theile	Eine nicht recht vollkommene geflossene schlackenartige etwas glänzende Masse	undurchsichtig	Schwarz
Granat Küchensalz Borax	1 Theil 1 Theil 2 Theile	Ein Glas	durchsichtig	bräunlich
Granat Küchensalz Sedativsalz	1 Theil 1 Theil 2 Theile	Ein Glas	durchsichtig	bräunlich
Granat Glauberisches Wundersalz	von beyden gleichviel	Eine geflossene wenig glänzende dichte feste Masse	undurchsichtig	Schwarz
Granat Glauberisches Wundersalz	1 Theil 2 Theile	Eine unvollkommene geflossene löchrige nicht glänzende Masse	undurchsichtig	dunkelgrau
Granat Glauberisches Wundersalz weinsteinsalz	1 Theil 1 Theil 3 Theile	Eine geflossene in Bruche etwas auf der Oberfläche gar nicht glänzende Masse	undurchsichtig	braunroth

Böhmiſ. Granaten angeſt. wurden.

Die Miſchung	das Verhältniß	Was daraus wird	Die Durchſichtigkeit	Die Farbe
Granat Glauberiſches Wunderſalz Borax	1 Theil 1 Theil 2 Theile	Eine gefloſſene auf der Oberfläche und im Anbruche glänzende dichte agathartige Maſſe	halb durchſichtig	braun
Granat Glauberiſches Wunderſalz Sedativſalz	1 Theil 1 Theil 2 Theile	Eine gefloſſene auf der Oberfläche und im Bruche glänzende dichte agathartige Maſſe	halb durchſichtig	braun
Granat Kalkerde	von beyden gleichviel	Eine gar nicht gefloſſene etwas wenig zuſammen gebackene zwiſchen den Fingern leicht zerbrechliche Maſſe		dunkelbraun
Granat Kalkerde Borax	1 Theil 1 Theil 2 Theile	Eine vollkommene gefloſſene, auf der Oberfläche und im Bruche glänzende agathartige Maſſe	halb durchſichtig	Olivenfarbe
Granat Kalkerde Weinſteinſalz	1 Theil 1 Theil 3 Theile	Eine unvollkommene gefloſſene ſchlackenartige ſehr blaſige löchrige Maſſe	undurchſichtig	dunkelbraun
Granat Kalkerde Sedativſalz	1 Theil 1 Theil 2 Theile	Eine gefloſſene auf der Oberfläche und im Bruche wie Zucker glänzende dichte Maſſe	undurchſichtig	auf der Oberfläche bräunlich, im Bruche Schiferfarbe
Granat Kalkerde Urinſalz welches die Phosphorſäure enthält	1 Theil 1 Theil 2 Theile	Eine gefloſſene auf der Oberfläche rauhe wie Zucker glänzende in Bruche ſehr wenig glänzende ſehr blaſige Maſſe	undurchſichtig	braun

Die Mischung	das Verhältniß	Was daraus wird	Durchsichtig	Die Farbe
Granat	½ Theil	Eine geflossene auf der Oberfläche und im Anbruche wie Zucker glänzende dichte Masse	unburchsichtig	Schiferfarbe
Kalkerde	1 Theil			
schwerer Flußspath	2 Theile			
Granat Bittersalzerde	von beyden gleich viel	Eine gar nicht geflossene aber äußerst scharf zusammen gebackene sehr harte Masse		dunkelbraun
Granat	1 Theil	Eine nicht im Fluß gewesene auf der Oberfläche leicht zwischen den Fingern zerbrechliche Masse	vollkommen unburchsichtig	Zimtfarbe
Bittersalzerde	1 Theil			
Weinsteinsalz	4 Theile			
Granat	1 Theil	Eine vollkommne geflossene auf der Oberfläche und in Bruche glänzende agathartige Masse	sehr wenig durchsichtig	braun
Bittersalzerde	1 Theil			
Borax	2 Theile			
Granat	1 Theil	Ein Glas	vollkommen durchsichtig	gelb
Bittersalzerde	1 Theil			
Sedativsalz	2 Theile			
Granat	1 Theil	Eine geflossene auf der Oberfläche und im Bruche wenig glänzende dichte Masse	unburchsichtig	auf der Oberfläche braun in Anbruche dunkelgrün
Bittersalzerde	1 Theil			
Urinsalz welches die Phosphorsäure enthält	2 Theile			
Granat	1 Theil	Eine geflossene auf der Oberfläche sehr wenig im Bruche gar nicht glänzende dichte dem Schiefer ähnliche Masse	unburchsichtig	Schiferfarbe
Bittersalzerde	1 Theil			
schwerer Flußspath	2 Theile			

Böhmis. Granaten angest. wurden.

Die Mischung	das Verhältniß	Was daraus wird	Die Durchsichtigkeit	Die Farbe
Granat Alaunerde	von beyden gleichviel	Eine gar nicht in Fluß gewesene scharf zusammen gebackene harte Masse	undurchsichtig	grau grünlich
Granat Alaunerde Weinsteinsalz	1 Theil 1 Theil 3 Theile	Eine sehr wenig zusammengebackene leicht zwischen den Fingern zerbrechliche Masse		Schwarz
Granat Alaunerde Borax	1 Theil 1 Theil 2 Theile	Eine geflossene auf der Oberfläche und im Bruche glänzende agathartige Masse	halb durchsichtig	Olivenfarbe
Granat Alaunerde Sedativsalz	1 Theil 1 Theil 2 Theile	Eine geflossene auf der Oberfläche rauhe nicht glänzende, im Bruche etwas glänzende dichte Masse	undurchsichtig	Olivenfarbe
Granat Alaunerde Urinsalz welches die Phosphorsäure enthält	1 Theil 1 Theil 2 Theile	Eine auf der Oberfläche und im Bruche glänzende geflossene dichte Jaspisartige Masse	undurchsichtig	auf der Oberfläche braunroth im Bruche grün, in die Olivenfarbe fallend
Granat Alaunerde schwerer Flußspath	1 Theil 1 Theil 2 Theile	Eine geflossene auf der Oberfläche sehr matt in Bruche gar nicht glänzende den Schifer ähnliche Masse	undurchsichtig	Schiferfarbe
Granat Kieselerde	von beyden gleichviel	Eine gar nicht geflossene wenig zusammen gebackene leicht zwischen den Fingern zerbrechl. Masse	undurchsichtig	grau gelb

F

Die Mischung	das Verhältniß	Was daraus wird	Die Durchsichtigkeit	Die Farbe
Granat Kieselerde Weinsteinsalz	1 theil 1 theil 3 theile	Eine nicht ganz vollkommene geflossene nur sehr wenig glänzende Masse	undurchsichtig	bräunlich
Granat Kieselerde Borax	1 theil 1 theil 2 theile	Eine geflossene auf der Oberfläche und in Bruche glänzende agathartige Masse	halb durchsichtig	braun
Granat Kieselerde Sedativsalz	1 theil 1 theil 2 theile	Eine geflossene auf der Oberfläche und in Bruche glänzende etwas blasige feste Masse	undurchsichtig	grünlich, mit schwarzen Flecken
Granat Kieselerde Urinsalz welches die Phosphorsäure enthält	1 theil 1 theil 2 theile	Eine nur sehr wenig und unvollkommne geflossene schaumige schlackenartige Masse	undurchsichtig	auf der Oberfläche grau im Bruche Apfelgrün
Granat Kieselerde schwerer Flußspath	1 theil 1 theil 2 theile	Eine vollkommene geflossene auf der Oberfläche und im Bruche glänzende agathartige Masse	halb durchsichtig	dunkel gras grün
Granat Kieselerde Bittersalzerde	gleichviel	Eine gar nicht geflossene scharf zusammen gebackene sehr harte schwer zu zerschlagende Masse	undurchsichtig	grau, ins bräunliche fallend
Granat Kieselerde Bittersalzerde Weinsteinsalz	1 theil 1 theil 1 theil 4 theile	Ein Glas	durchsichtig	dunkel gras grün

Böhmis. Granaten angest. wurden.   83

Die Mischung	das Verhältniß	Was daraus wird	Die Durchsichtigkeit	Die Farbe
Granat Kieselerde Bittersalzerde Borax	1 theil 1 theil 1 theil 2 theile	Eine geflossene auf der Oberfläche und in Bruche glänzende dichte agathartige Masse	halb durchsichtig	braun
Granat Kieselerde Bittersalzerde Sedativsalz	1 theil 1 theil 1 theil 2 theile	Eine geflossene in Bruche auf der Oberfläche glänzende dichte und feste Masse	undurchsichtig	hellgrün
Granat Kieselerde Bittersalzerde Urinsalz welches die Phosphorsäure enthält	1 theil 1 theil 1 theil 2 theile	Eine nicht im Fluß gekommene aber äußerst stark zusammen gebakkene sehr harte Masse		dunkelbraun in das röthliche fallend
Granat Kieselerde Bittersalzerde schwerer Flußspath	1 theil 1 theil 1 theil 2 theile	Eine vollkommene geflossene auf der Oberfläche und im Bruche glänzende feste Masse	undurchsichtig	auf der Oberfläche dunkelgrün in Bruche schwarz
Granat Kieselerde Kalkerde Weinsteinsalz	1 theil 1 theil 1 theil 4 theile	Eine vollkommene geflossene auf der Oberfläche und im Bruche etwas glänzende feste dichte Masse	ganz undurchsichtig	Schwarz
Granat Kieselerde Kalkerde Borax	1 theil 1 theil 1 theil 2 theile	Ein Glas	durchsichtig	grasgrün in die Goldfarbe fallend
Granat Kieselerde Kalkerde	1 theil 1 theil 1 theil	Eine geflossene auf der Oberfläche und im Bruche glänzende dichte Jaspisartige Masse	undurchsichtig	dunkel grasgrün

Die Mischung	das Verhältniß	Was daraus wird	Die Durchsichtigkeit	Die Farbe
Granat Kieselerde Kalkerde Sedativsalz	1 theil 1 theil 1 theil 2 theile	Ein Glas	durchsichtig	grasgrün
Granat Kieselerde Kalkerde Urinsalz	1 theil 1 theil 1 theil 2 theile	Eine nicht vollkommene geflossene äuserst stark zusammen gebakkene nicht glänzende löchrige sehr harte Masse	undurchsichtig	grün
Granat Kieselerde Kalkerde schwerer Flußspath	1 theil 1 theil 1 theil 2 theile	Eine geflossene auf der Oberfläche wenig in Brüche gar nicht glänzende löchrige Masse	undurchsichtig	dunkelgrün
Granat Kieselerde Alaunerde	1 theil 1 theil 1 theil	Eine vollkommene geflossene auf der Oberfläche aber nicht glänzende löchriche Masse	vollkommen undurchsichtig	auf der Oberfläche grau, in die Olivenfarbe fallend, in Bruche grün ins röthliche fallend
Granat Kieselerde Alaunerde Weinsteinsalz	1 theil 1 theil 1 theil 4 theile	Eine in Fluß gekommene schlackenartige aufgeblähete sehr blasige leicht zerbrechliche nicht glänzende Masse	undurchsichtig	Schwarz
Granat Kieselerde Alaunerde Borax	1 theil 1 theil 1 theil 2 theile	Eine vollkommene geflossene auf der Oberfläche und im Bruche sehr glänzende dichte agathartige Masse	wenig durchsichtig	dunkel Olivenfarbe
Granat Kieselerde Alaunerde Sedativsalz	1 theil 1 theil 1 theil 2 theile	Eine vollkommene geflossene auf der Oberfläche und im Bruche glänzende dichte und feste Masse	undurchsichtig	braun

Böhmiſ. Granaten angeſt. wurden.

Die Miſchung	das Verhältniß	Was daraus wird	Die Durchſichtigkeit	Die Farbe
Granat Kieſelerde Alaunerde Urinſalz	1 theil 1 theil 1 theil 2 theile	Eine gefloſſene auf der Oberfläche etwas in Bruche gar nicht glänzende ſchaumige Maſſe	undurchſichtig	braun
Granat Kieſelerde Alaunerde ſchwerer Flußſpath	1 theil 1 theil 1 theil 2 theile	Eine gefloſſene auf der Oberfläche etwas im Bruche gar nicht glänzende feſte Maſſe	undurchſichtig	dunkelgrün
Granat Bitterſalzerde Kalkerde	gleich viel	Eine gefloſſene auf der Oberfläche wenig im Bruche gar nicht glänzende feſte Maſſe	undurchſichtig	braun
Granat Bitterſalzerde Kalkerde Weinſteinſalz	1 theil 1 theil 1 theil 4 theile	Eine gar nicht gefloſſene wenig zuſammen gebakkene zwiſchen den Fingern leicht zerbrechliche Maſſe		dunkelbraun
Granat Bitterſalzerde Kalkerde Borax	1 theil 1 theil 1 theil 2 theile	Ein Glas	durchſichtig	grün, in das gelbe fallend
Granat Bitterſalzerde Kalkerde Sedativſalz	1 theil 1 theil 1 theil 2 theile	Ein Glas	durchſichtig	hellgrasgrün
Granat Bitterſalzerde Kalkerde Urinſalz	1 theil 1 theil 1 theil 2 theile	Eine gefloſſene wenig glänzende dichte Maſſe	undurchſichtig	bräunlich

Die Mischung	das Verhältniß	Was daraus wird	Die Durchsichtigkeit	Die Farbe
Granat Bittersalzerde Kalkerde schwerer Flußspath	1 theil 1 theil 1 theil 2 theile	Eine geflossene blasige schlackenartige nicht glänzende harte und feste Masse	undurchsichtig	dunkelgrün
Granat Bittersalzerde Alaunerde	gleichviel	Eine gar nicht geflossene äußerst stark zusammen gebackne sehr dichte und harte Masse	undurchsichtig	braun
Granat Bittersalzerde Alaunerde Weinsteinsalz	1 theil 1 theil 1 theil 4 theile	Eine gar nicht geflossene sehr wenig zusammen gebackene zwischen den Fingern leicht zerbrechliche Masse		blaß Zimtfarbe
Granat Bittersalzerde Alaunerde Sedativsalz	1 theil 1 theil 1 theil 2 theile	Ein Glas	durchsichtig	grasgrün
Granat Bittersalzerde Alaunerde Borax	1 theil 1 theil 1 theil 2 theile	Eine vollkommene geflossene auf der Oberfläche und im Bruche sehr glänzende Agath ganz ähnliche Masse	halb durchsichtig	braun, in die Olivenfarbe fallend
Granat Bittersalzerde Alaunerde Urinsalz	1 theil 1 theil 1 theil 2 theile	Eine geflossene löchrige auf der Oberfläche rauhe wenig glänzende im Bruche gar nicht glänzende feste Jaspis ähnliche Masse	undurchsichtig	auf der Oberfläche hell Olivenfarbe, im Bruche hell grün
Granat Bittersalzerde Alaunerde schwerer Flußspath	1 theil 1 theil 1 theil 2 theile	Eine vollkommene geflossene scharf zusammen gebackene Masse	undurchsichtig	Schiferfarbe

Böhmiſ. Granaten angeſt. wurden.

Die Miſchung	das Verhältniß	Was daraus wird	Die Durchſichtigkeit	Die Farbe
Granat Kalkerde Alaunerde	gleich viel	Eine gar nicht gefloſſene ſcharf zuſammen gebakkene Maſſe	unburchſichtig	gelb bräunlich
Granat Kalkerde Alaunerde Weinſteinſalz	1 theil 1 theil 1 theil 4 theile	Eine nicht gefloſſene nur wenig zuſammen gebakkene zwiſchen den Fingern leicht zerbrechliche lotere Maſſe	unburchſichtig	Zimtfarbe an der Luft verliehret dieſe Maſſe, und wird weiß
Granat Kalkerde Alaunerde Borax	1 theil 1 theil 1 theil 2 theile	Eine vollkommene gefloſſene auf der Oberfläche und im Bruche ſtark glänzende ſehr feſte agathartige Maſſe	wenn es ſehr dünne, iſt es durchſichtig, ſonſt aber unburchſichtig	dunkel Olivenfarbe
Granat Kalkerde Alaunerde Sedativſalz	1 theil 1 theil 1 theil 2 theile	Eine vollkommene gefloſſene auf der Oberfläche und im Bruche glänzende ſehr feſte agathartige Maſſe	wenn es ſehr dünne, iſt es durchſichtig, ſonſt aber unburchſichtig	bunkelgrasgrün
Granat Kalkerde Alaunerde Urinſalz	1 theil 1 theil 1 theil 2 theile	Eine gar nicht im Fluß gekommene ſehr ſcharf zuſammengebackene ſehr harte und feſte Maſſe	unburchſichtig	röthlich braun
Granat Kalkerde Alaunerde ſchwerer Flußſpath	1 theil 1 theil 1 theil 2 theile	Eine gefloſſene ſchlackenartige ſehr blaſige nicht glänzende Maſſe	unburchſichtig	Schiferfarb
Granat Kieſelerde Bitterſalzerde Kalkerde	gleich viel	Eine gefloſſene auf der Oberfläche rauhe nicht glänzende feſte dichte Maſſe	unburchſichtig	hellgrün

F 4

Die Mischung	das Verhältniß	Was daraus wird	Die Durchsichtigkeit	Die Farbe
Granat Kieselerde Bittersalzerde Kalkerde Weinsteinsalz	1 theil 1 theil 1 theil 1 theil 4 theile	Eine geflossene nicht glänzende glasartige dem Anschein nach sehr harte Masse	undurchsichtig	Schwarz, wenn sie verwittert wird sie weiß
Granat Kieselerde Bittersalzerde Kalkerde Borax	1 theil 1 theil 1 theil 1 theil 2 theile	Eine vollkommene geflossene sehr glänzende glasartige den Anschein nach sehr harte Masse	ziemlich durchsichtig	dunkel grasgrün
Granat Kieselerde Bittersalzerde Kalkerde Sedativsalz	1 theil 1 theil 1 theil 1 theil 2 theile	Eine vollkommene geflossene etwas blasige auf der Oberfläche und im Bruche etwas glänzende den Jaspis ähnliche Masse	undurchsichtig	grün, in das blaue fallend
Granat Kieselerde Bittersalzerde Kalkerde Urinsalz	1 theil 1 theil 1 theil 1 theil 2 theile	Eine geflossene sehr aufgeblähete schaumige großblasige auf der Oberfläche etwas im Bruche gar nicht glänzende Masse	undurchsichtig	grün, etwas in die helle Olivenfarbe fallend
Granat Kieselerde Bittersalzerde Kalkerde schwerer Flußspath	1 theil 1 theil 1 theil 1 theil 2 theile	Eine vollkommene geflossene und feste dichte in der Mitte vollkommene glasartige Masse	in der Mitte vollkommen durchsichtig, auf der Oberfläche aber und am Ende des Tiegels undurchsichtig	was undurchsichtig war, hatte eine helle Schieferfarbe, das durchsichtige aber, nie schmuzige dunkelgrün mit vielen Feuer spielenden Farbe
Granat Kieselerde Kalkerde Alaunerde	gleich viel	Eine geflossene auf der Oberfläche wenig in Bruche gar nicht glänzende dichte Masse	undurchsichtig	hellgrau in das grüne fallend

Böhmiſ. Granaten angeſt. wurden.   89

Die Miſchung	das Verhältniß	Was daraus wird	Die Durchſichtigkeit	Die Farbe
Granat Kieſelerde Kalkerde Alaunerde Weinſteinſalz	1 theil 1 theil 1 theil 1 theil 4 theile	Eine Schlackenartige blaſige nicht vollkommene gefloſſene gar nicht glänzende Maſſe	undurchſichtig	Schwarz
Granat Kieſelerde Kalkerde Alaunerde Borax	1 theil 1 theil 1 theil 1 theil 2 theile	Ein Glas	durchſichtig	grasgrün
Granat Kieſelerde Kalkerde Alaunerde Sedativſalz	1 theil 1 theil 1 theil 1 theil 2 theil	Eine vollkommene gefloſſene auf der Oberfläche und im Bruche glänzende harte agathartge Maſſe	nur ſehr wenig durchſichtig, beynahe ganz undurchſichtig	Schwarz
Granat Kieſelerde Kalkerde Alaunerde ſchwerer Flußſpath	1 theil 1 theil 1 theil 1 theil 2 theile	Eine gefloſſene wie Zucker gläuzende dichte Maſſe	undurchſichtig	grün, in das graue fallend
Granat Bitterſalzerde Kalkerde Alaunerde	gleich viel	Blieb in pulverigter Geſtalt		hellgelb
Granat Bitterſalzerde Kalkerde Alaunerde Weinſteinſalz	1 theil 1 theil 1 theil 1 theil 4 theile	Eine nicht gefloſſene nur wenig zuſammen gebakkene zwiſchen den Fingern leicht zerbrechliche Maſſe	undurchſichtig	Zimtfarbe
Granat Bitterſalzerde Borax	1 theil 1 theil 2 theile	Ein Glas	durchſichtig	hellgelb

Die Mischung	das Verhältniß	Was daraus wird	Die Durchsichtigkeit	Die Farbe
Granat Bittersalzerde Kalkerde Alaunerde Sedativsalz	1 theil 1 theil 1 theil 1 theil 2 theile	Eine vollkommene geflossene auf der Oberfläche und im Bruche sehr glänzende agathartige Masse	halb durchsichtig	dunkelgrün in die Olivenfarbe fallend
Granat Bittersalzerde Kalkerde Alaunerde Urinsalz	1 theil 1 theil 1 theil 1 theil 2 theile	Eine geflossene nicht glänzende Schifer ähnliche Masse	undurchsichtig	auf der Oberfläche braunroth, im Bruche grün
Granat Bittersalzerde Kalkerde Alaunerde schwerer Flußspath	1 theil 1 theil 1 theil 1 theil 2 theile	Eine geflossene nicht glänzende Schifer ähnliche Masse	undurchsichtig	Schiferfarbe
Granat Flußspath	gleich viel	Eine ganz geflossene auf der Oberfläche etwas im Bruche gar nicht glänzende dichte und feste Masse	undurchsichtig	dunkel Schiferfarbe
Granat Hornsilber	von beyden gleich viel	Eine geflossene nicht glänzende dichte Masse, auf welcher viele Silberkörner waren		
Granat Hornsilber Weinsteinsalz	1 theil 1 theil 2 theile	Eine geflossene nicht glänzende reducirte Silberkörner eingesprengte Masse	undurchsichtig	Olivenfarbe
Granat Hornsilber Borax	gleich viel	Eine ganz geflossene feste sehr glänzende agathartige Masse in der Mitte waren reducirte Silberkörner	ganz undurchsichtig	hellbraun, in das gelbe fallend

Böhmis. Granaten angest. wurden.

Die Mischung	das Verhältniß	Was daraus wird	Die Durchsichtigkeit	Die Farbe
Granat Hornsilber Sedativsalz	gleich viel	Eine geflossene auf der Oberfläche mat, im Bruche aber stark glänzende feste Jaspisartige Masse, in welchen reducirte Silberkörner waren	undurchsichtig	braun
Granat Hornsilber Urinsalz	1 theil 1 theil 2 theile	Eine geflossene auf der Oberfläche und im Bruche nicht glänzende großblasige Masse, in welcher viele Silberkörner eingesprengt waren	undurchsichtig	braun
Granat Hornsilber Flußspath	1 theil 1 theil 2 theile	Eine geflossene unterwärts agathartige, oberwerts nicht glänzende Schifer ähnliche Masse, in der Mitte der Unter-Masse war ein Silberkorn	der oberste Theil undurchsichtig, der unterste Theil agathartige aber halb durchsichtig	oberwärts dunkel Schiferfarbe, den Agath ähnliche oben grasgrün
Granat Minium	gleich viel	Eine geflossene auf der Oberfläche und im Bruche etwas glänzende dichte und feste Masse	undurchsichtig	braun
Granat Minium Weinsteinsalz	1 theil 1 theil 2 theile	Eine nur an einigen Stellen unvollkommene geflossene aber sehr scharf zusammen gebackene löchrige Masse	vollkommen undurchsichtig	schwarzbraun
Granat Minium Borax	gleich viel	Eine geflossene auf der Oberfläche und im Bruche stark glänzende dichte agathartige Masse	halb durchsichtig	braun

Die Mischung	das Verhältniß	Was daraus wird	Die Durchsichtigkeit	Die Farbe
Granat Minium Sedativsalz	gleich viel	Eine geflossene auf der Oberfläche und im Bruche stark glänzende dichte agathartige Masse	halb durchsichtig	dunkel Olivenfarbe
Granat Minium Urinsalz	1 theil 1 theil 2 theile	Eine geflossene auf der Oberfläche und im Bruche glänzende dichte agathartige Masse	beynahe völlig undurchsichtig	hellbraun
Granat Minium Küchensalz	1 theil 2 theile 1 theil	Eine geflossene auf der Oberfläche und im Bruche glänzende dichte agathartige Masse	halb durchsichtig	braun
Granat Minium Glauberisches Wundersalz	1 theil 2 theile 1 theil	Eine geflossene an einigen Stellen sehr schaumige an andern glänzende agathartige harte Masse	undurchsichtig	die schaumigen Stellen grün, die agathähnlichen braun, in die dunkele Olivenfarbe fallend
Granat Minium Cubischer Salpeter	1 theil 1 theil 2 theile	Eine geflossene glänzende dichte feste Masse	undurchsichtig	braun
Granat Minium Flußspath	1 theil 1 theil 2 theile	Eine geflossene wie Zucker glänzende dichte Masse	undurchsichtig	dunkel Schieferfarbe
Granat Minium Hornsilber	2 theile 2 theile 1 theil	Eine geflossene auf der Oberfläche und im Bruche glänzende Jaspidartige Masse, in welcher eingesprengte Silberkörner waren	undurchsichtig	dunkel Olivenfarbe

Böhmisch. Granaten angest. wurden. 93

Die Mischung	das Verhältniß	Was daraus wird	Die Durchsichtigkeit	Die Farbe
Granat Minium Spitzglaskalk	2 theile 2 theile 1 theil	Eine geflossene auf der Oberfläche und im Bruche glänzende dichte Jaspisartige Masse	undurchsichtig	braun, in die dunkele Olivenfarbe fallend
Granat Minium Zinkblumen	2 theile 2 theile 1 theil	Eine geflossene auf der Oberfläche und im Bruche wenig glänzende Masse	undurchsichtig	bräunlich
Granat Minium Zinkblumen	4 theile 4 theile 1 theil	Eine geflossene auf der Oberfläche und im Bruche wenig glänzende Masse	undurchsichtig	dunkelbraun
Granat Minium Kupferkalk	4 theile 4 theile 1 theil	Eine geflossene auf der Oberfläche matt, im Bruche etwas mehr glänzende dichte Jaspisartige Masse	undurchsichtig	bleich auf der Oberfläche Stahlfarbe, im Bruche sehr dunkel grasgrün
Granat Minium Zaffore	2 theile 4 theile 1 theil	Eine geflossene auf der Oberfläche und im Bruche glänzende dichte sehr feste Jaspisartige Masse	undurchsichtig	schwarz
Granat Minium Kalkerde	1 theil 2 theile 1 theil	Eine geflossene nicht glänzende etwas blasige Masse, in welcher reducirte Silberkörner gesprengt waren	undurchsichtig	braun
Granat Minium Bittersalzerde	1 theil 2 theile 1 theil	Eine geflossene blasige nicht glänzende mit reducirte Bleykörner untermischte Masse	undurchsichtig	auf der Oberfläche braun, im Bruche schwarz

Die Mischung	das Verhältniß	Was daraus wird	Die Durchsichtigkeit	Die Farbe
Granat Minium Alaunerde	1 theil 2 theile 1 theil	Eine geflossene schaumige großblasige auf der Oberfläche sehr matt, im Bruche gar nicht glänzende Masse	undurchsichtig	schmutzig, dunkel grasgrün
Granat Minium Kieselerde	1 theil 2 theile 1 theil	Eine geflossene auf der Oberfläche rauhe im Bruche matt glänzende dichte Masse	undurchsichtig	dunkel Olivenfarbe
Granat Minium Kieselerde Bittersalzerde	1 theil 2 theile 1 theil 1 theil	Eine geflossene großblasige auf der Oberfläche und im Bruche nur wenig glänzende feste Masse	undurchsichtig	braun
Granat Minium Kieselerde Kalkerde	1 theil 2 theile 1 theil 1 theil	Ein Glas	durchsichtig	Schön grasgrün
Granat Minium Kieselerde Alaunerde	1 theil 2 theile 1 theil 1 theil	Eine geflossene sehr aufgeblähete schaumige schlackenartige glänzende Masse	sehr wenig durchsichtig beynahe völlig undurchsichtig	Olivenfarbe
Granat Minium bittersalzerde Kalkerde	1 theil 2 theile 1 theil 1 theil	Eine nicht recht vollkommene geflossene auf der Oberfläche unebene nicht glänzende etwas blasige Masse	undurchsichtig	schwarzbraun
Granat Minium bittersalzerde Alaunerde	1 theil 2 theile 1 theil 1 theil	Eine unvollkommene geflossene sehr scharf zusammen gebackene harte klein löchrige Masse	undurchsichtig	braun

Böhmiſ. Granaten angeſt. wurden.

Die Miſchung	das Verhältniß	Was daraus wird	Die Durchſichtigkeit	Die Farbe
Granat Minium Kalkerde Alaunerde	1 theil 2 theile 1 theil 1 theil	Eine nur am Rande gefloſſene in der Mitte aber nur ſcharf zuſammen gebackene Maſſe	undurchſichtig	am Rande dunkel Schieferfarbe in der Mitte dunkelbraun beynahe ſchwarz
Granat Minium Kieſelerde Bitterſalzerde	1 theil 2 theile 1 theil 1 theil	Eine gefloſſene auf der Oberfläche im Bruche aber nicht glänzende etwas blaſige Maſſe	undurchſichtig	Olivenfarbe
Granat Minium Kalkerde Alaunerde Kieſelerde	1 theil 2 theile 1 theil 1 theil 1 theil	Eine gefloſſene auf der Oberfläche und im Bruche wie Zucker glänzende dichte feſte Maſſe	undurchſichtig	Schieferfarbe
Granat Minium Bitterſalzerde Kalkerde Alaunerde	1 theil 2 theil 1 theil 1 theil 1 theil	Eine nur unvollkommene und unten am Rande des Tiegels etwas gefloſſene in der Mitte aber nur ſcharf zuſammen gebackene Maſſe	undurchſichtig	braun
Granat Spießglaskalk	gleich viel	Eine gefloſſene auf der Oberfläche etwas im Bruche gar nicht glänzende dichte und feſte Maſſe	undurchſichtig	braun
Granat Spießglaskalk Weinſteinſalz	1 theil 1 theil 2 theile	Eine unvollkommene gefloſſene blaſige ſchlackenartige gar nicht glänzende groß blaſige Maſſe	ganz undurchſichtig	braun
Granat Spießglaskalk Borax	1 theil 2 theile 2 theile	Ein Glas	durchſichtig	braun

Die Mischung	das Verhältniß	Was daraus wird	Die Durchsichtigkeit	Die Farbe
Granat Spießglaskalk Sedativsalz	1 theil 1 theil 2 theile	Eine geflossene im Bruche und auf der Oberfläche glänzende dichte agathartige Masse	halb durchsichtig	Olivenfarbe
Granat Spießglaskalk schwerer Flußspath	1 theil 1 theil 2 theile	Eine geflossene auf der Oberfläche wie Zucker glänzende im Bruche gar nicht glänzende blasige Masse	undurchsichtig	dunkel Schieferfarbe
Granat Zinkblumen	gleich viel	Eine geflossene nicht glänzende blasige Masse	undurchsichtig	dunkel Schieferfarbe
Granat Zinkblumen Weinsteinsalz	1 theil 1 theil 2 theile	Eine nur wenig und unvollkommene geflossene sehr scharf zusammen gebackene harte feste nicht glänzende Masse	vollkommen undurchsichtig	Oliven farbe
Granat Zinkblumen Borax	1 theil 1 theil 2 theile	Eine geflossene auf der Oberfläche und im Bruche glänzende feste dichte agathartige Masse	undurchsichtig	dunkelbraun
Granat Zinkblumen Urinsalz	1 theil 1 theil 2 theile	Eine vollkommene geflossene auf der Oberfläche und im Bruche glänzende dem Anschein nach sehr feste Masse	undurchsichtig	hellgrün, mit dunkelgrünen Streifen auf der Oberfläche
Granat Zinkblumen Sedativsalz	1 theil 1 theil 2 theile	Eine geflossene auf der Oberfläche und im Bruche glänzende blasige agathartige Masse	halb durchsichtig	gelb, in das röthliche fallend

Böhmiſ. Granaten angeſt. wurden. 97

Die Miſchung	das Verhältniß	Was daraus wird	Die Durchſichtigkeit	Die Farbe
Granat Zinkblumen Flußpath	1 theil 1 theil 2 theile	Eine vollkommene gefloſſene auf der Oberfläche und im Bruche matt glänzende ſehr feſte und dichte Jaspisartige Maſſe	unburchſichtig	grau, etwas in das grüne ſchimmernd
Granat Zinnkalk	2 theile 1 theil	Eine gefloſſene auf der Oberfläche etwas im Bruche gar nicht glänzende dichte Maſſe	unburchſichtig	braun
Granat Zinnkalk Weinſteinſalz	2 theile 1 theil 4 theile	Eine nur ſehr unvollkommene gefloſſene ſchlackenartige leicht zerbrechliche glänzende Maſſe	unburchſichtig	ſchwarzbraun
Granat Zinnkalk Borax	1 theil 1 theil 2 theile	Eine vollkommene gefloſſene auf der Oberfläche, nur im Bruche einen ſtarken glanz habende agathartige Maſſe	halb durchſichtig	braun in die Olivenfarbe fallend
Granat Zinnkalk Sedativſalz	1 theil 1 theil 2 theile	Ein Glas	durchſichtig	grasgrün
Granat Zinnkalk Urinſalz	1 theil 1 theil 2 theile	Eine gefloſſene nicht glänzende ſehr blaſige Maſſe	unburchſichtig	grau, ins braune fallend
Granat Zinnkalk ſchwerer Flußpath	1 theil 1 theil 2 theile	Eine gefloſſene auf der Oberfläche etwas im Bruche gar nicht glänzende etwas blaſige Maſſe	unburchſichtig	dunkel Schieferfarbe

G

Versuche die mit dem

Die Mischung	das Verhältniß	Was daraus wird	Die Durchsichtigkeit	Die Farbe
Granat Kupferkalk	2 theile 1 theil	Eine vollkommene gefloſſene auf der Oberfläche rauhe im Anbruche nicht glänzende Maſſe	vollkommen undurchſichtig	Schiferfarbe
Granat Kupferkalk Weinſteinſalz	2 theile 1 theil 4 theile	Eine unvollkommene gefloſſene ſchlackenartige blaſige harte und feſte Maſſe	ganz undurchſichtig	Schwarzbraun mit etlichen rothen Flecken
Granat Kupferkalk Borax	2 theile 1 theil 4 theile	Eine gefloſſene auf der Oberfläche und im Bruche glänzende dichte feſte Maſſe	undurchſichtig	auf der Oberfläche grau, im Bruche dunkelroth
Granat Kupferkalk Sedativſalz	2 theile 1 theil 4 theile	Eine gefloſſene etwas blaſige auf der Oberfläche matt glänzende dichte feſte Maſſe	undurchſichtig	dunkelgrau ins gelbe fallend
Granat Kupferkalk Urinſalz	2 theile 1 theil 4 theile	Eine unvollkommene gefloſſene ſchlackenartige etwas blaſige Maſſe	undurchſichtig	ſchwarz, an einigen Stellen braunroth
Granat Kupferkalk dreyeckigter Salpeter	2 theile 1 theil 4 theile	Eine nur ſehr unvollkommene ſehr blaſige Maſſe	undurchſichtig	röthlich braun
Granat Kupferkalk ſchwerer Flußſpath	1 theil 1 theil 2 theile	Eine gefloſſene an Rande glänzende agathartige und matt aber nicht glänzende Schifer ähnliche Maſſe	das agathartige halbdurchſichtig, das Schifer ähnliche undurchſichtig	das agathartige Olivenfarbe, das Schifer ähnliche aber Schiferfarbe
Granat Zoffera	2 theile 1 theil	Eine gefloſſene ſchlackenartige auf der Oberfläche rauhe, im Bruche nicht glänzende Maſſe	undurchſichtig	dunkel Schiferfarbe

Böhmiſ. Granaten angeſt. wurden.   99

Die Miſchung	das Verhältniß	Was daraus wird	Die Durchſichtigkeit	Die Farbe
Granat Zoſſera Weinſteinſalz	2 theile 1 theil 4 theile	Eine gefloſſene auf der Oberfläche und im Bruche gar nicht glänzende Maſſe	undurchſichtig	ſchwarz
Granat Zoſſera Borax	2 theile 1 theil 4 theile	Eine vollkommene auf der Oberfläche und im Bruche ſehr glänzende dichte feſte agathartige Maſſe	undurchſichtig	ſchwarz
Granat Zoſſera Sedativſalz	2 theile 1 theil 4 theile	Eine vollkommene gefloſſene ſehr dichte und feſte, im Bruche und auf der Oberfläche glänzende einen guten Politur Jaspis ähnliche Maſſe	undurchſichtig	himmelblau
Granat Zoſſera Urinſalz	2 theile 1 theil 4 theile	Eine gefloſſene ſchlackenartige blaſige ſchaumige harte Maſſe	undurchſichtig	Stahlfarbe
Granat Zoſſera ſchwerer Flußſpath	1 theil 1 theil 1 theile	Eine gefloſſene auf der Oberfläche wenig, im Bruche gar nicht glänzende etwas blaſige feſte Maſſe	undurchſichtig	Schiferfarbe

Zu folgenden Verſuchen, bediente ich mich das mit Salzſäure ausgezogenen Granat.

| Granat allein | | Eine nicht recht im Fluß geweſene aber ſehr ſtark zuſammen gebackene harte dichte Maſſe | undurchſichtig | auf der Oberfläche braun, im Anbruche graugelb |

G 2

Die Mischung	das Verhältniß	Was daraus wird	Die Durchsichtigkeit	Die Farbe
Granat Weinsteinsalz	1 theil 2 theile	Eine geschmolzene auf der Oberfläche rauhe im Anbruche gar nicht glänzende Masse	undurchsichtig	Zimtfarbe
Granat Mineralisches Alkali	1 theil 2 theile	Eine vollkommene geflossene auf der Oberfläche und im Bruche glänzende feste Masse	undurchsichtig	schwarzbraun
Granat Minium	1 theil 2 theile	Eine vollkommene geflossene glasartige Masse	oberwerts undurchsichtig unterwerts aber durchsichtig	die durchsichtigen Stellen gelb, die undurchsichtigen aber braunroth
Granat Borax	gleichviel	Eine vollkommene geschmolzene Masse, die auf der Oberfläche einen guten Glanz hatte	halb durchsichtig	braun, etwas in das gelbe fallend
Granat Urinsalz	1 theil 2 theile	Eine nur wenig im Fluß gekommene etwas blasige aber doch feste Masse	ganz undurchsichtig	hellgrau
Granat Sedativsalz	1 theil 2 theile	Eine geflossene auf der Oberfläche und im Bruche glänzende Masse	ganz undurchsichtig	hellgrün ins blaue fallend

Zu folgenden Versuchen nahm ich den zuvor mit Salpetersäure ausgezogenen Granat.

Die Mischung	das Verhältniß	Was daraus wird	Die Durchsichtigkeit	Die Farbe
Granat allein		Eine unvollkommene nur sehr wenig geflossene aber stark zusammen gebackene rusige harte Masse	undurchsichtig	hellbraun
Granat Salpeter	1 theil 2 theile	Eine geflossene vollkommene auf der Oberfläche und im Bruche nicht glänzende feste Masse	undurchsichtig	OlivenFarbe
Granat schwerer Flußspath	gleich viel	Eine auf der Oberfläche und im Anbruche nur wenig glänzende etwas blasige Masse	sehr wenig durchsichtig	dunkel gras grün
Granat schwerer Flußspath	1 theil 2 theile	Eine geschmolzene im Anbruche und auf der Oberfläche glänzende dichte feste Masse	ganz undurchsichtig	gelb gräulich wie unreiner der bey einer starken Hitze in einem offenen Gefäße geschmolzener Schwefel
Granat Sublimat, den man erhält, wenn man den Flußspath auf einer Säure bestieret	gleich viel	Eine geflossene auf der Oberfläche und im Bruche glänzende blasige Masse	undurchsichtig	braun

Die Mi-schung	das Ver-hältniß	Was daraus wird	Die Durch-sichtigkeit	Die Farbe
Granat oben erwehn-ter Subli-mat des Flußspath	1 theil 2 theile	Eine ganz geflos-sene glänzende im Anbruche etwas löchriae, sonst aber feste Masse. Die Glänzende gegen die Sonne gehalten wirft viele Farben	undurchsich-tig	Schwarz braun
Granat Kalkerde	gleich-viel	Ein Glas	durchsichtig	dunkel gras-grün

Zu diesen Versuchen bediente ich mich des Vitriol-säure ausgezogenen Granat.

Granat allein		Eine ganz geflos-sene blasige Masse	ganz un-durchsichtig	braun, etwas in das rothe fallend
Granat Kalkerde	gleich-viel	Eine ganz geflos-sene dichte feste auf der Oberflä-che aber im An-bruche nicht glän-zende Masse	ganz un-durchsichtig	braun, bey-nahe schwarz
Granat Alaunerde	gleich-viel	Eine gar nicht ge-flossene scharf zu-sammen gebacke-ne sehr harte und dichte schwer zu zerschlagende Masse		Leberfarbe
Granat Bittersalz-erde	gleich-viel	Eine nicht recht geflossene aber äußerst stark zu-sammen gebacke-ne sehr dichte und feste Masse	vollkommen undurchsich-tig	braun

Böhmiſ. Granaten angeſt. wurden.

Die Miſchung	das Verhältniß	Was daraus wird	Die Durchſichtigkeit	Die Farbe
Granat Kieſelerde	gleichviel	Eine gar nicht gefloſſene nur ſehr wenig zuſammen gebackene zwiſchen den Fingern leicht zerbrechliche Maſſe		röthlich ins bräunliche fallend
Granat Kalkerde Borax	gleichviel	Ein Glas	durchſichtig	dunkelgrün
Granat Alaunerde Borax	gleichviel	Eine vollkommene gefloſſene auf der Oberfläche und im Bruche glänzende den Agath ſehr ähnliche Maſſe	undurchſichtig	braun
Granat Bitterſalzerde Borax	gleichviel	Eine ganz geſchmolzene dem Anſchein nach ſehr feſte auf der Oberfläche und im Anbruche ſehr glänzende agathartige Maſſe	halb durchſichtig	braungelb, beynahe Olivenfarbe
Granat Kieſelerde Borax	gleichviel	Eine glasartige ganz geſchmolzene feſte Maſſe	ganz undurchſichtig	braun, und auf der Oberfläche einige blaue Flecken

Chimische Untersuchung des schlesischen Chrisopras.

Der Chrisopras, ist ein grüner halb durchsichtiger niemals chrystallisirter Edelgestein, welcher durch Reiben electrisch wird, und mit dem Stahl reichlich Feuer giebt.

Der Chrisopras, dessen ich mich zu gegenwärtigen Untersuchung bediente, findet sich zu Koseinitz in Schlesien, in den Herzogthum Münsterberg.

Erster Versuch.

Ich that ein Stück Chrisopras, welches ein Quentchen wog, in einen Schmelztiegel, und setzte ihn vier Stunden lang unter einer glühenden Muffel. Der Verlust an Gewichte betrug nach dieser Operation nur einen halben Gran. Der Chrisopras hatte aber hier und da Risse bekommen, er hatte seine Durchsichtigkeit verlohren, und seine grüne Farbe hatte sich in weiß verwandelt.

Zweiter Versuch.

Ich schüttete eine Unze fein geriebenen Chrisopras in eine gläserne Retorte, übergoß solchen mit einer halben Unze Vitriolöhl, welches ich mit einer Unze destilirtes Wasser verdünnte. Hierauf legte ich einen Recipienten vor, setzte die Retorte im Sande und destilirte, indem ich nach und nach das Feuer verstärkte, und zuletzt ein so starkes Feuer gab, daß der Boden der Retorte gut glühete; als die wäßrige Feuchtigkeit übergegangen, und die Säure anfing aufzusteizusteigen, so setzte sich am obern Theil der Retorte ein weißer Sublimat, welcher am Ende der Destilation etwas weiter nach dem Halse fort rückte; die am Ende der Destilation im Recipienten befindliche Flüßigkeit, war von einer reinen Vitriolsäure in nichts unterschieden, und mit dem Weinsteinsalze gesättiget, trübte sie sich nicht im geringsten. Der aufgestiegene Sublimat wog, nachdem ich ihn auf das genaueste vom Glase, woran er sehr fest hieng, abgesondert hatte, 8 Gran, (a) und floß mit dem Blaserohr am Lichte, zu einer porcellainartigen Kugel, (b). Das in der Retorte zurück gebliebene Residuum war weiß, und da wo es den Boden der Retorte berührte, und wo es die stärkste Hitze ausgesetzt gewesen, röthlich. Ich laugte dieses Residuum mit kochenden destilirten Wasser aus, da es trocken geworden, wog es eine halbe Unze drey und ein halb Quentchen, die Lauge hatte eine grüne Farbe, ich ließ sie, um die Christallisation der darin befindlichen Salzen zu befördern, sehr langsam verdünsten, muste sie aber verschiedene mal filtriren, weil sie sich oft trübte, und ein gelb bräunliches Pulver fallen ließ. Zuerst erhielt ich Selenit, der genau gesammlet 12 Gran an Gewicht betrug, (c). Zuletzt erhielt ich Christallen, die an Gestalt dem klein christallisirten Bittersalze vollkommen ähnlich waren, sie waren im Wasser leicht auflösbar, hatten einen sehr bittern Geschmack, und überhaupt alle die den Bittersalze zukommende Eigenschaften. Von diesen Salze, erhielt ich 10 Gran, (d) Die rothbräunliche Erde, welche sich niederschlug, da ich die Lauge verdünsten ließ, sammlete ich, und fand, daß sie 5 Gran wog (e). Ich feuchtete sie mit Oehl an, und ließ sie gelinde glühen. Nach dieser Operation wurden 2 Gran davon vom Magneten angezogen (f), und es blieben 3 Gran dieser Erde zurück, worauf der Magnet keine Würkung mehr äußerte, die Hälfte davon übergoß ich mit Salpetersäure, es erfolgte eine vollkommene Auflösung, und die Säure bekam eine grüne Farbe. Ich sättigte sie mit Salmiack-Spiritus, und es erfolgte ein grünlicher Niederschlag, welcher aber durch Zugießung einer mehrern Menge vom flüchtigen Alkali, wieder aufgelöst wurde. Die Auflösung hatte eine sehr schöne blaue Farbe. Die andere Hälfte ließ ich mit Salmiack-Spiritus in Digestion stehen. Ein Theil davon wurde aufgelöset, wodurch der Salmiack-Spiritus eine schöne blaue Farbe bekam (g).

Dritter Versuch.

Ich that eine Unze fein geriebenen und geschlemten Chrisopras in eine gläserne Retorte, und übergoß selbigen mit vier Unzen etwas rauchender Salzsäure, legte einen Recipienten vor, und setzte die Retorte im Sande. Den ersten Tag gab ich nur ein gelindes Digestionsfeuer, damit die Salzsäure desto besser auf den auflösbaren Erden des Chrisoprases würken konnte. Den darauf folgenden Tag, destilirte ich bis ohngefähr die zwey drittel der in der Retorte gegossene Säure in den Recipienten über gegangen waren. Da dieses geschehen, ließ ich alles kalt werden, filtrirte die in der Retorte gebliebene Säure, und spühlete mit kochenden destilirten Wasser den unaufgelösten Chrisopras, in eben das Filtrum. Da ich ihn noch etliche mal mit destilirten Wasser übergoß, um alle anhängende Salzsäure davon zu bringen, ließ ich ihn trocknen, und fand, daß er eine halbe Unze drey Quent-

gen

gen und zwey Scrupel wog. Die filtrirte Säure, zu welcher ich das zur Edulcoration des rückständigen Chrisopras gebrauchte Wasser gegossen, hatte eine grünliche Farbe, ich goß sie in eine gläserne Retorte, und destilirte nach vorgelegten Recipienten aus dem Sandbade, und gab zuletzt da alle Flüßigkeit übergegangen, ein so starkes Feuer, daß der Boden der Retorte gut glühete; mit diesem Feuer hielt ich eine Stunde an, die übergegangene Salzsäure trübte sich nicht, da ich sie mit Weinsteinsalz sättigte, und sie war überhaupt von einer reinen Salzsäure in nichts unterschieden. Am obern Theil der Retorte hatten sich 3 Gran eines weißen Sublimats angesetzt, der alle Eigenschaften desjenigen hatte, den ich in vorhergehenden Versuchen bey der Destilation des Chrisoprases mit der Vitriolsäure beschrieben habe (h). Das in der Retorte zurückgebliebene feuerbeständige Residuum, hatte eine braune Farbe, und an der Luft gelegt zog es die Feuchtigkeit derselben stark an. Ich laugte es mit kochenden destilirten Wasser aus, und es blieben mir 5 Gran einer braunen unauflösbaren Erde zurück (i). Diese Erde untersuchte ich auf die im vorhergehenden Versuch beschriebene Art. Die damit angestellte Versuche hatten alle eben denselben Erfolg (k). Die Lauge sättigte ich mit aufgelöstes Weinsteinsalz, und erhielt hierdurch einen nach der Edulcoration und den Austrocknen 8 Gran wiegenden weißen Niederschlag. Dieser lösete sich in allen Säuren mit Aufbrausen auf, und gab mit der Vitriolsäure gesättiget, ein den Selenit in allen Stücken vollkommen ähnliches Salz (l).

Vierter Versuch.

Auf der in den vorhergehenden Versuchen beschriebenen Art, destilirte ich eine Unze fein geriebenen und geschlemten Chrisopras mit vier Unzen Salpetersäure, da ohngefähr die Hälfte der Flüßigkeit übergegangen war, unterbrach ich die Destilation. Der Chrisopras wog nach dieser Operation nur noch eine halbe Unze drey Quentchen zwey Scrupel. Die zur Extraction des Chrisoprases gebrauchte und mit seinen auflösbaren Theilen geschwängerte Säure, goß ich in eine gläserne Retorte, abstrahirte die Flüßigkeit, und gab zuletzt eine halbe Stunde Glühefeuer. Zu Ende der Destilation stieg ein Sublimat in die Höhe, der in aller Absicht den, wovon ich in vorhergehenden Versuchen Erwähnung gethan habe, vollkommen ähnlich war. Sein Gewichte betrug 3 Gran (m), die in den Recipienten übergegangene Flüßigkeit, war von einer reinen Salpetersäure in nichts unterschieden. In Grunde der Retorte blieb ein braunes etwas aufgeblähetes Residuum, welches die Feuchtigkeit der Luft nicht anzog, und durch das Auslaugen nichts von seinen Gewicht verlohr, ich übergoß selbiges mit Salzsäure, es lösete sich darinnen vollkommen und anfänglich mit Aufbrausen auf. Die Auflösung, welche eine grünliche Farbe hatte, ließ ich gänzlich verdünsten und da alle Flüßigkeit verdünstet, gab ich den zurückgebliebenen Residuo eine halbe Stunde Glühefeuer. Dieses Residuum laugte ich aus, es blieben mir nach den Auslaugen 4½ Gran einer braunen Erde zurück. Ich untersuchte sie auf eben die Art, wie die nach der Verdämpfung der Extraction des Chrisoprases mit Salzsäure zurück gebliebene, im Wasser unauflösbahre braune Erde. Und meine Versuche hatten eben die in

zweyten

des schlesischen Chrisopras.

zweyten Versuch beschriebene Erfolge. Die Lauge sättigte ich mit Weinsteinsalz, und erhielt hierdurch einen weißen nach der Edulkoration und den Trocknen 7 Gran wiegenden Niederschlag, welcher in allen Säuren sich mit Aufbrausen auflösete, und mit der Vitriolsäure gesättiget, ein den Selenit vollkommen ähnliches Salz gab.

Fünfter Versuch.

Ich mischte ein Quentchen des mit Vitriolsäure extrahirten Chrisopras mit vier Quentchen reines Weinsteinsalz, that diese Mischung in einen aus Eisen geschmiedeten Topf, der die Gestalt eines runden Schmelztiegels hatte, und setzte ihn zwey Stunden im Windofen, ich erhielt hierdurch eine schwarze Masse, die an der Luft gelegt die Feuchtigkeit derselben stark an sich zog. Ich laugte sie mit kochenden destillirten Wasser aus, und ließ die nach den Auslaugen zurück gebliebene Erde trecknen. Die Lauge war schlüpfrich anzufühlen, ich sättigte sie sehr genau mit Salzsäure, und erhielt hierdurch einen weißen nach der Edulcoration und den Trocknen 35 Gran wiegenden Niederschlag. Die nach den Auslaugen zurück gebliebene Erde, extrahirte ich auf das sorgfältigste mit Salzsäure. Nach dieser Arbeit blieben 23½ Gran einer weißen Erde zurück, auf welcher die Säure gar keine Würkung mehr hatte. Diese so wohl, als die durch die Niederschlagung der Lauge erhaltene Erde, wurde von keiner Säure angegriffen, floß mit gleichviel Weinsteinsalz zu einen Ametist färbigen vollkommnen Glase, und mit zwey mal so viel Weinsteinsalz zu einen unvollkommenen an der Luft feucht wordenden

und

und zerfließenden Glase. Die mit Salzsäure gemachte Extraction, hatte eine dunkelgelbe beynahe braune Farbe, ich ließ sie bis zur Trockenheit verdünsten, und glühete das zurück gebliebene braune Restduum, welches 20 Gran wog. Es verlohr durch das Auslaugen nichts von seinem Gewichte, mit Oehl zu einen Teig gemacht und gelinde geglühet, wurde es vom Magneten gänzlich angezogen.

Es folgt aus allen diesen jetzt beschriebenen Versuchen.

1) Daß der Chrisopras durch das Glühen seine Farbe gänzlich verliehret, (Siehe den 5ten Versuch.)

2) Daß eine Unze Chrisopras 5 Gran einer Erde enthält, die durch die Destilation mit der Vitriolsäure flüchtig wird, (Siehe den zweyten Versuch Lit. (a) und die Eigenschaften der flüchtigen Erde hat, die man auf diese Art aus den schweren Flußspath erhalt, (Siehe den zweyten Versuch Lit. (b).

3) Daß die Vitriolsäure aus einer Unze Chrisopras 8 Gran Kalkerde, (Siehe den zweyten Versuch Lit. (c) 6 Gran Bittersalz, (Siehe den zweyten Versuch Lit. (d) und 5 Gran metallische Erde, (Siehe den zweyten Versuch Lit. (e) die aus 2 Gran Eisenerde, (Siehe den zweyten Versuch Lit. (f) und aus 3 Gran Kupferkalk, (Siehe den zweyten Versuch Lit. (g) bestehet, extrahiret.

4) Daß in einer Unze Chrisopras 3 Gran einer Erde enthalte, die durch die Salzsäure flüchtig wird, (Siehe den dritten Versuch Lit. (h) und alle Eigenschaften der durch die Destilation der Vitriolsaure

mit

mit den Chrisopras erhaltenen flüchtigen Erden, (Siehe den zweyten Versuch Lit. (b) hat.

5) Daß die Salzsäure durch die Digestion aus einer Unze Chrisopras 13 Gran extrahiret, nemlich 5 Gran metallische Erde, (Siehe den dritten Versuch Lit. (i) die aus 2 Gran Eisenerde und aus 3 Gran Kupferkalk bestehet, (Siehe den dritten Versuch Lit. (k) und 8 Gran Kalkerde, (Siehe den dritten Versuch Lit. (l)

6) Daß die Salpetersäure auf den Chrisopras beynahe eben so würket als die Salzsäure, (Siehe den vierten Versuch).

7) Daß der zuvor mit Vitriolsäure wohl extrahirte Chrisopras, aus nichts anders als aus einer reinen Kieselerde bestehet, (Siehe den fünften Versuch).

8) Folglich bestehet eine Unze Chrisopras aus 5 Gran einer Erde, die durch die Destilation mit der Vitriolsäure flüchtig wird, aus 8 Gran Kalkerde 6 Gran Bittersalzerde, 2 Gran Eisenerde, 3 Gran Kupferkalk und 456 Gran Kieselerde.

Die um das Verhalten des mit verschiedenen Substanzen in einem bestimmten Verhältniß gemischten Chrisopras im Schmelzfeuer zu erfahren, angestellte Versuche, sind der Kürze wegen, in folgender Tabelle beschrieben; sie stimmen sowohl mit den vorhergehenden überein, daß man sie als eine Bestätigung derselben ansehen kann.

Ver-

Versuche,

über das Verhalten im Feuer, des mit verschiedenen Salzen, Erden und Metallkalken in einem bestimmten Verhältniß gemischten Chrysopras.

Die Mischung	das Verhältniß	Was daraus wird	Die Durchsichtigkeit	Die Farbe
Chrysopras allein		verändert sich auf einerley Art		
Chrysopras Weinsteinsalz	3 theile 1 theil	Eine geflossene auf der Oberfläche unebene, so wohl im Anbruche glänzende etwas blasige harte und feste Masse	unburchsichtig	schön dunkel gris de Lin
Chrysopras Weinsteinsalz	gleich viel	Ein vollkommen Glas	durchsichtig	dunkelblau
Chrysopras Mineralisches Alkali	gleich viel	Eine geflossene kleinblasige auf der Oberfläche im Anbruche aber nicht glänzende feste und harte Masse	unburchsichtig	schmuzig gris de Lin
Chrysopras Mineralisches Alkali	1 theil 2 theile	Ein vollkommen Glas	durchsichtig	Amathist Farbe
Chrysopras Borax	2 theile 1 theil	Ein vollkommen Glas	durchsichtig	dunkel Topaz Farbe

Chrysopras angestellt wurden.

Die Mischung	das Verhältniß	Was daraus wird	Die Durchsichtigkeit	Die Farbe
Chrysopras Salpeter	gleich viel	Eine geflossene auf der Oberfläche und im Bruche glänzende glasartige Masse	sehr trübe durchsichtig	dunkelblau
Chrysopras Salpeter	1 theil 3 theile	Ein vollkommen Glas	durchsichtig	sehr schöne dunkelblau
Chrysopras Cubischer Salpeter	2 theile 1 theil	Eine geflossene sehr blasige schlackenartige feste glänzende Masse	fast ganz undurchsichtig	schmuzig gris de Lin
Chrysopras Cubischer Salpeter	1 theil 2 theile	Ein vollkommen Glas	durchsichtig	dunkelblau in das Amethist Farbe fallend
Chrysopras Glauberisches Wundersalz	gleich viel	Eine geflossene zwischen den Agath und den Glase das Mittel haltende Masse	etwas mehr als halb durchsichtig	grau
Chrysopras Küchensalz	in verschiedenen Verhältniß	Kam gar nicht im Fluß sondern backte nur zu einer zwischen den Fingern leicht zerbrechliche Masse		gelblich
Chrysopras Salamoniac Frum	in verschiedenen Verhältniß	Eine etwas zusammen gebackne leicht zerbrechliche gar nicht geflossene Masse		weiß
Chrysopras Selenit	in verschiedenen Verhältniß	Wenig zusammen gebackene gar nicht geflossene zwischen den Fingern leicht zerbrechliche Masse		gelblich

H

Die Mischung	das Verhältniß	Was daraus wird	Die Durchsichtigkeit	Die Farbe
Chrysopras Kieselerde	in verschiedenen Verhältniß	Blieb in pulverichter Gestallt		
Chrysopras Alaunerde	2 theile 1 theil	Eine gar nicht geflossene zusammen gebackene ziemlich harte Masse	undurchsichtig	weiß, etwas in das hellgrüne schimmernd
Chrysopras Alaunerde	gleichviel	Eine äußerst scharf zusammen gebackene, an den Stellen wo die Hitze am stärksten gewesen etwas geflossene harte und rustige Masse	undurchsichtig	grau
Chrysopras Kalkerde	in verschiedenen Verhältniß	verändert sich nicht		
Chrysopras Bittersalzerde	in verschiedenen Verhältniß	Blieb in pulverigter Gestalt		
Chrysopras weißen Magdeburger Thon	in verschiedenen Verhältniß	verändert sich nicht merklich		
Chrysopras Kieselerde Alaunerde	gleichviel	Eine scharf zusammen gebackene aber gar nicht geflossene Masse		weiß
Chrysopras Bittersalzerde Kalkerde	gleichviel	Blieb in pulverigter Gestallt		weiß

Chrysopras angestellt wurden.

Die Mischung	das Verhältniß	Was daraus wird	Die Durchsichtigkeit	Die Farbe
Chrysopras Kieselerde weißen Magdeburger Thon	gleich viel	Eine äußerst scharf zusammen gebackene sehr dichte und feste und mit dem Hammer schwer zu zerschlagende Masse, die einen geringen Anfang des Fließens erlitten zu haben schien		grau.
Chrysopras Thon Alaunerde	gleich viel	Eine gar nicht geflossene ziemlich scharf zusammen gebackene Masse		grau
Chrysopras Thon Kieselerde	gleich viel	Eine gar nicht geflossene etwas zusammen gebackene Masse		dunkelgrau
Chrysopras Thon Bittersalzerde	gleich viel	Eine gar nicht geflossene ziemlich scharf zu sammen gebackene Masse		weiß
Chrysopras Kieselerde Kalkerde	gleich viel	Blieb in pulverigter Gestalt		weiß
Chrysopras Bittersalzerde Alaunerde	gleich viel	Eine gar nicht geflossene ziemlich stark zusammen gebackene Masse		weiß
Chrysopras Kalkerde Alaunerde	gleich viel	Eine sehr scharf zusammen gebackene Masse, die an einigen Stellen zu fließen angefangen hatte		grau

H 2

Die Mischung	das Verhältniß	Was daraus wird	Die Durchsichtigkeit	Die Farbe
Chrysopras Kieselerde Bittersalzerde	gleich viel	Blieb in pulverigter Gestalt		weiß
Chrysopras Thon Kalkerde Weinsteinsalz	gleich viel	Eine geflossene wie Zucker glänzende etwas blassige harte Masse	undurchsichtig	gris de Lin
Chrysopras Thon Kalkerde Weinsteinsalz	1 theil 1 theil 1 theil 2 theile	Ein vollkommen Glas	durchsichtig	dunkele amethißt Farbe
Chrysopras Thon Kalkerde Borax	gleich viel	Eine vollkommene geflossene auf der Oberfläche und im Anbruche glänzende feste dichte Masse	undurchsichtig	weiß, mit hellblauen Adern
Chrysopras Thon Kalkerde Borax	1 theil 1 theil 1 theil 2 theile	Ein viel Feuer habendes Glas	durchsichtig	Topasfarbe
Chrysopras Kieselerde Alaunerde Weinsteinsalz	gleich viel	Eine sehr scharf zusammengebackene sehr harte schwer zu zerschlagende Masse	undurchsichtig	hell gris de Lin

Chrysopras angestellt wurden.

Die Mischung	das Verhältniß	Was daraus wird	Die Durchsichtigkeit	Die Farbe
Chrysopras Kieselerde Alaunerde Weinsteinsalz	1 theil 1 theil 1 theil 2 theile	Eine geflossene auf der Oberfläche unebene so wohl im Bruche glänzende sehr blasige harte und feste Masse	unburchsichtig	hell gris de Lin
Chrysopras Kieselerde Alaunerde Borax	1 theil 1 theil 1 theil 2 theile	Ein sehr viel Feuer habendes Glas	durchsichtig	helle Topasfarbe
Chrysopras Bittersalzerde Kalkerde Weinsteinsalz	gleichviel	Eine geflossene auf der Oberfläche und im Bruche wie Zucker glänzende sehr blasige harte und feste Masse	unburchsichtig	gris de Lin
Chrysopras Bittersalzerde Kalkerde Borax	1 theil 1 theil 1 theil 2 theile	Ein ungemein viel Feuer fallendes Glas	durchsichtig	dunkele Topasfarbe
Chrysopras Kieselerde Thon Weinsteinsalz	gleichviel	Eine geflossene auf der Oberfläche und im Bruche glänzende blasige harte und feste Masse	unburchsichtig	gris de Lin
Chrysopras Kieselerde Thon Weinsteinsalz	1 theil 1 theil 1 theil 2 theile	Eine glasartige Masse	trübe durchsichtig	himmelblau in das gris de Lin fallend

Die Mischung	das Verhältniß	Was daraus wird	Die Durchsichtigkeit	Die Farbe
Chrysopras Kieselerde Thon Borax	gleich viel	Eine geflossene auf der Oberfläche und im Bruche glänzende dichte und feste Masse	sehr trübe durchsichtig	braun
Chrysopras Kieselerde Thon Borax	1 theil 1 theil 1 theil 2 theile	Ein vollkommenes sehr viel Feuer fallendes Glas	durchsichtig	Topasfarbe
Chrysopras Thon Alaunerde Weinsteinsalz	gleich viel	Eine etwas geflossene leicht zerbrechliche blasige lockere und auf der Oberfläche etwas im Bruche gar nicht glänzende Masse	undurchsichtig	hell gris de Lin
Chrysopras Thon Alaunerde Borax	gleich viel	Ein sehr viel Feuer fallendes Glas	durchsichtig	helle Topasfarbe
Chrysopras Thon Alaunerde Borax	1 theil 1 theil 1 theil 2 theile	Ein vollkommenes Glas welches viel Feuer hat	durchsichtig	helle Topasfarbe
Chrysopras Thon Bittersalzerde Weinsteinsalz	gleich viel	Eine geflossene auf der Oberfläche unebene so wohl als im Bruche glänzende harte und feste Masse	undurchsichtig	auf der Oberfläche Schwarz, im Bruche hell grau
Chrysopras Thon Bittersalzerde Weinsteinsalz	1 theil 1 theil 1 theil 2 theile	Eine auf der Oberfläche und im Bruche glänzende sehr dichte agathartige Masse	etwas durchsichtiger als Agath	dunkele Amethist Farbe

Chrysopras angestellt wurden.

Die Mischung	das Verhältniß	Was daraus wird	Die Durchsichtigkeit	Die Farbe
Chrysopras Thon Bittersalzerde Borax	gleich viel	Eine vollkommene geflossene auf der Oberfläche und im Bruche glänzende Agathartige Masse	halb durchsichtig	Milch weiß, mit hellblauen Adern
Chrysopras Thon Bittersalzerde Borax	1 theil 1 theil 1 theil 2 theile	Ein Glas welches viel Feuer hat	durchsichtig	hell gelb
Chrysopras Kieselerde Kalkerde Weinsteinsalz	gleich viel	Eine glasartige Masse	trübe durchsichtig	schmutzig gris de Lin
Chrysopras Kieselerde Kalkerde Weinsteinsalz	1 theil 1 theil 1 theil 2 theile	Ein vollkommenes Glas welches viel Feuer hat	durchsichtig	helle Topazfarbe
Chrysopras Bittersalzerde Alaunerde Weinsteinsalz	gleich viel	Eine nicht geflossene sehr scharf zusammen gebackene sehr harte und dichte Masse	undurchsichtig	weiß
Chrysopras Bittersalzerde Alaunerde Borax	gleich viel	Ein ungemein viel Feuer fallendes Glas	durchsichtig	Topasfarbe
Chrysopras Bittersalzerde Alaunerde Borax	1 theil 1 theil 1 theil 2 theile	Ein vollkommen Glas	durchsichtig	hell gelb

Die Mischung	das Verhältniß	Was daraus wird	Die Durchsichtigkeit	Die Farbe
Chrysopras Kalkerde Alaunerde Weinsteinsalz	gleichviel	Eine gar nicht geflossene etwas zusammen gebackene Masse		schön Himmelblau
Chrysopras Kalkerde Alaunerde Borax	gleichviel	Ein sehr viel Feuer fallendes Glas	durchsichtig	dunkele Topazfarbe
Chrysopras Kieselerde Bittersalzerde Weinsteinsalz	1 theil 1 theil 1 theil 2 theile	Ein Glas	trübe durchsichtig	Amethistfarbe, in das blaue fallend
Chrysopras Kieselerde Bittersalzerde Borax	gleichviel	Eine vollkommene geflossene auf der Oberfläche und im Anbruche gläubende Agathartige feste dichte Masse	halb durchsichtig	Milchweiß, mit kleinen blauen Adern und Streifen
Chrysopras Kieselerde Bittersalzerde Borax	1 theil 1 theil 1 theil 2 theile	Ein viel Feuer fallendes Glas	durchsichtig	gelb
Chrysopras Minium	2 theile 1 theil	Eine gar nicht geflossene scharf zusammen gebakkene dicht und feste Masse	undurchsichtig	grau, in das gelbe fallend

Chrysopras angestellt wurden. 121

Die Mischung	das Verhältniß	Was daraus wird	Die Durchsichtigkeit	Die Farbe
Chrysopras Minium	gleich viel	Eine geflossene sehr aufgeblähete groß blasige schaumige nicht glänzende wie Seife anzufühlende harte Masse	undurchsichtig	gelb in das graue fallend
Chrysopras Minium	1 theil 2 theile	Ein Glas	durchsichtig	dunkele Topazfarbe
Chrysopras Zinnkalk	1 theil 2 theile	Eine nur sehr wenig zusammen gebackene Masse		gelblich
Chrysopras Zinnkalk	1 theil 3 theile	Blieb in pulverigter Gestallt		gelblich
Chrysopras Spießglaskalk	2 theile 1 theil	Eine gar nicht geflossene scharf zusammen gebackene Masse		gelb
Chrysopras Spießglaskalk	gleich viel	Eine sehr aufgeblähete blasige auf der Oberfläche und im Bruche matt glänzende leicht zerbrechliche Masse	undurchsichtig	Schwefel gelb
Chrysopras Spießglaskalk	1 theil 2 theile	Ein vollkommen Glas	durchsichtig	dunkelgelb, in das gras grüne fallend

H 5

Die Mischung	das Verhältniß	Was daraus wird	Die Durchsichtigkeit	Die Farbe
Chrysopras Kupferkalk	2 theile 1 theil	Eine scharf zusammen gebackene Masse	undurchsichtig	dunkelgrau
Chrysopras Kupferkalk	gleichviel	Eine gar nicht geflossene aber sehr scharf zusammen gebackene dichte Masse	undurchsichtig	dunkelgrau, beynahe schwarz
Chrysopras Kupferkalk	1 theil 2 theile	Eine geflossene auf der Oberfläche unebene nicht glänzende im Bruche aber glänzende dichte und harte Masse	undurchsichtig	auf der Oberfläche schwarz im Bruche braunroth
Chrysopras Eisenkalk	in verschiedenen Verhältniß	Blieb in pulverigter Gestalt		mehr oder weniger braun
Chrysopras Zinkblumen	in verschiedenen Verhältniß	Eine etwas zusammen gebackene leicht zerbrechliche und zwischen den Fingern zerreibliche Masse		hellblau in das grüne fallend

Anhang,

von der Entstehungsart der Edelgesteine durch Versuche bewiesen.

Es folget aus denen Arbeiten über die zuvor genante Edelgesteine, daß sie meistens aus alkalischen Er-

Erden die man gar nicht darin anzutreffen geglaubt hätte, bestehen.

Hierdurch wird man im Stande gesetzt zu erklären, wie die Chriſtalliſation dieſer Steine geſchiehet.

Eine Sache, die ſo lange man geglaubt, daß die Edelgeſteine und Kieſelerde beſtünden ganz unmöglich geweſen iſt

Eine jede Chriſtalliſation erfordert nothwendig eine zuvor gegangene Auflöſung; wir kennen aber keine Auflöſungsmittel der Kieſelerde. In der Natur hingegen finden wir ſehr viele Auflöſungsmittel der alcaliſchen Erden, damit aber die Chriſtallen wie ſolches bey den Edelgeſteinen ſtatt findet, unauflösbar ſind, ſo iſt es nothwendig, daß das Auflöſungsmittel in den Augenblick wo die Chriſtalliſation geſchiehet, die aufgelöſte Subſtanz verlaſſe.

Die fixe Luft iſt das einzige Auflöſungsmittel in der Natur, bey welches dieſe Bedingung ſtatt finden kann.

Ich ſtellete mir alſo die Sache folgender Geſtallt vor: Das mit fixer Luft geſchwängerte Waſſer welches wir ſo häufig in der Natur antreffen, löſet die alkaliſchen Erden auf, aus welchen die Edegeſteine beſtehen.

Wenn ſich dieſe Auflöſung durch Erdlaugen filtrirt, und ſich endlich tropfen weiße anhänget, ſo entbindet ſich die fixe Luft und die Erdtheile, die blos durch ihr im Waſſer aufgelöſt waren, vereinigen ſich und bilden Chriſtallen.

Dieſe zwar wahrſcheinliche Theorie, muſte aber durch die Erfahrung unterſtützt werden.

Ich ſuchte alſo auf die jetzt beſchriebene Art chriſtalliſirte Steine zu machen, und hatte das Glück meine ne Absicht auf eine sehr befriedigende Art zu erreichen. Ich bediente mir hierzu des folgenden Instruments.

 a b c d ist eine gläserne etwas starke Röhre von ein und einen halben Fuß in die Höhe a c, und von 4 bis 5 Zoll in der Weite c d; e f g h ist eine Röhre von eben den Durchmesser, die aber nur 4 bis 5 Zoll in der Länge e g hat; e f ist ein meßingener um die Röhre e f g h gekütteter Ring, welcher am obern Theile mit Schrauben Gänge versehen ist, die in der Schrauben Mutter greifen, welche sich in den meßingernen Ring c d befinden, der am Ende der Röhre a b c d aufgeküttet ist; so daß die Röhren a b c d und e f g h mit Hülfe der lezten Ringe c d und e f an einander geschroben werden können, in den Ring c d ist ein kleiner Rand von $\frac{1}{4}$ Zoll in der Breite, auf welchen man ein Leder legt und auf diesen Leder eine gebrennte aus Thon und Sand gemachte Platte, damit man mit der Schraube die an den Ring c f ist, die Thonplatte so an dem Leder drücken kann, daß an den Ort wo sie auf den Rand des Ringes c d liegt keine Luft und auch kein Wasser durchdringen kann, diese Platte kann $\frac{1}{2}$ Zoll in der Dicke haben. g h ist ein meßingerner Ring der auf die Röhre e f g h geküttet ist, und mit Hülfe der drey kleinen in der ersten Figur angezeigten kleinen meßingernen Lappen auf einen Dreyfuß angeschroben werden kann, der Dreyfuß selbst wird mit Schrauben auf das Brett k i l m befestiget; in den Ring g h ist eben solcher Rand wie in den Ring c d, auf welchen man einen ledernen Ring und auf dieser eine gebrannte aus Thon und Sand gemachte Platte unterwärts convere legt, zwischen dieser und den Dreyfuß legt man noch einen ledernen Ring, so daß die Platte wenn man die Röhre auf den Dreyfuß schraubt, recht eingedrückt wird, und an den Orten wo sie auf

den

der Edelgesteine, ꝛc. 125

den Rand des Ringes liegt weder Waſſer noch Luft durchlaſſen kann. Der obern Theil der Röhre a b c d iſt mit einen meſſingernen darauf gefütteten Deckel verſchloſſen, der in der zweyten Figur beſonders vorgeſtellet wird, α β iſt eine Oefnung die mit einen darauf geſchrobenen Deckel, zwiſchen welchen man ein Leder legt, genau verſchloſſen werden kann, γ δ ſtellet ein Wentil vor, welches durch eine ſtählerne Feder niedergedrückt wird, und ſich nur von einen anſehnlichen Druck in innern nach außen öffnen kann, bey aufhörenden Druck aber ſogleich wieder durch die Schnellkraft der Feder γ δ verſchloſſen wird. In der Entfernung von etlichen Zollen vom Ende c d der Röhre a b c d ſind auf zwey entgegengeſetzte Oerter zwey runde Löcher von ¼ Zoll im Durchmeſſen eingeſchliffen, und über dieſen Theil der Röhre iſt ein meſſingerner Ring n o gefüttet, auf welchen an den Stellen wo die Röhre durchlöchert iſt, zwey meſſingerne Röhren angelötet ſind, in welchen ſich eine Schraubenmutter befindet, und wovon die eine nebſt einen Theil des Ringes in der dritten Figur etwas größer abgezeichnet iſt. P P ſind zwey Flaſchen wovon eine jede zwey Quart hält, ſie können mit gläſernen eingeſchliffenen Stöpſeln vollkommen verſchloſſen werden, der Boden dieſer Flaſchen iſt auf einen meſſingernen Teller gefüttet, der wie aus der erſten Figur zu erſehen, auf das Brett k l m geſchroben werden kann, damit ſie in der ihnen einmal gegebenen Lauge unverrückt verbleiben können, an den beyden Enden des Brets k l m ſind Seulen Q R aufgerichtet, an welchen bewegliche eiſerne Aerme angebracht ſind, die auf die Stöpſel der Flaſchen gebracht werden können, und mit einer ſehr geſpannten Feder χ υ niedergedrückt werden. Der obere Theil der Säulen Q R iſt mit einen

höl-

hölzernen Querriegel YZ versehen, in dessen Mitte sich ein Ring befindet, welcher den Cylinder a b c d einschließt, und zur Befestigung der ganzen Maschine dienet. Der obere Theil der Flaschen P ist in der vierten Figur der Deutlichkeit wegen besonders vorgestellet. Man schleifet in dem Glase ein Loch von $\frac{1}{2}$ Zoll im Durchmesser, und kuttet einen messingernen Ring ABCD auf den Hals der Flasche, auf welchen eine messingerne Röhre EFAC mit ein Schrauben Gewinde gelöset ist, die auf das in dem Halse der Flasche geschliffene Loch stößet, in die Oefnung G der Röhre EFAC wovon das Meßing zum wenigsten $\frac{1}{2}$ Zoll dick seyn muß, gehet das Ende H einer andern Röhre LH auf welchen ein messingerner Reif gelötet ist, dessen Breite KJ der Dicke EF der Röhre EFAC gleich ist, und der, wenn man die Röhre H in die Oefnung G sticht, auf den Rand EF genau anliegt; zwischen den Reifen JK und den Rand EF, legt man ein mit Oehl getränktes Leder. M ist eine messingerne Hülse die man auf der Röhre EFAC schraubt, durch welche die Röhre L gehet, und die dazu dienet den Reifen KJ an den Rand EF der Röhre EFAC anzudrücken, damit keine Luft an diesem Ort durchgehen kann. In der Röhre L wird eine gläserne in der ersten Figur angezeigte, krum gebogne Röhre eingeküttet, deren anderes Ende in eines durchbohrte messingerne Hülse gekuttet wird, die man in der Röhre der dritten Figur welche auf den Ring n o des Cilinders a b c d Fig. 1. angelötet ist einschrauben kann, und durch ein zwischen gelegtes Leder verhindern daß keine Luft oder Wasser an den Ort der Zusammenfügung durchdringet; auf den Theil der Hülse Fig. 5. der in der Röhre Fig. 3. eingeschroben wird, bindet man eine Blase und macht hierdurch ein

Ventil,

Ventil, welches sich von außen in den Cilinder a b c d öffnet, von einem jeden Druck aber in den Cilinder verschlossen wird, dieses Ventil ist denen ganz ähnlich welche man in den Luftpumpen macht. Um dieses Instrument zu brauchen füllt man die Röhre e f g h Fig. 1. und folglich den ganzen Raum zwischen den beyden Thonplatten mit fein geriebenen weißen Sand, und nachdem man alle Stücke nach der gegebenen Beschreibung zusammengefüget hat, so füllet man den Cilinder bis auf die zwey drittel seiner Höhe mit destilirtes Wasser, und schüttet diejenigen alcalischen Erden herein, aus welchen die Christallen die man hervorbringen will, bestehen sollen, welches durch die auf den Deckel des Cilinders angebrachte Oefnung $\alpha \beta$ Fig. 2. die man nachher wieder zuschraubt sehr bequem geschehen kann, alsdenn rückt man den Hobel s t Fig. 1. auf die Seite und schüttet in eine der Flaschen P etwas grob gestofene Kreide, die man mit Vitriolgeist übergießt, und sie so geschwinde wie möglich verstopfet, und den Stöpsel mit den Hebel s t herunter drückt, damit er durch den Druck der aus der Kreide befreyten fixen Luft nicht herausgestoßen oder gehoben werden kann, sondern die Luft vielmehr gezwungen wird, das Blasen Ventil auf der Hülse Fig. 5. zu öffnen, und in den Cilinder a b c d Fig. 1. zu gehen, aus welchen, wenn sie sich so anhäufen sollte daß das Zersprengen der Röhre zu befürchten wäre, durch das Ventil so auf den Deckel des Cilinders angebracht, und durch $\alpha \beta$ Fig. 2. vorgestellet wird, einen Ausgang haben kann. Das in den Cilinder enthaltene Wasser, wird mit fixer Luft geschwängert, wovon es wegen des verstärkten Drucks auf seiner Oberfläche sehr viel aufnimmt, es löset alsdenn die in den Cilinder geschüttete alcalische Erden auf, filtrirt sich

sich durch den Sand und den beyden Thonplatten, und setzt sich tropfenweise an der untern etwas gewölbten Thonplatte an, wo die Christallen entstehen; diese Platten müssen so stark gebrandt und ihre Zwischenräume so enge seyn, daß nur alle 15 bis 20 Minuten ein Tropfen von der untern Platte abfällt. Und es würde vortheilhaft seyn, wenn das Wasser sich noch langsamer filtrirte. Wenn das Wasser einmal recht mit fixer Luft beladen ist, so ist es hinreichend wenn man alle 24 Stunden wieder fixe Luft durch neues Einschütten der Kreyde und der Vitriolsäure in die Flasche hervorbringt. Die beyden Flaschen dienen indem die eine nach die andere nur gebraucht wird blos zur Bequemlichkeit, damit wenn die eine mit Kreyde angefüllet ist, man die andere brauchen kann; man könnte daher auch das Instrument mit einen einzigen Flasche machen, indem man sie ohne den Versuch zu stöhren, wenn sie angefüllet ist. durch das Abschrauben der Hülse M Fig. 4. leicht von den übrigen Theil des Instruments absondern kann, und nachdem man sie gereiniget, wieder daran bringen.

Wenn ich blos reine Kalkerde zu dem Wasser in der Röhre a b c d that, so erhielt ich am geschwindesten Christallen, die weiß und von einer nur sehr geringen Härte waren, that ich aber nur wenig Kalkerde, und viel Alaunerde in das Wasser, so erhielt ich kleine weiße durchsichtige und sehr harte Christallen, that ich zur Alaun und Kalkerde noch Eisenerde, so erhielt ich Christallen welche die Farbe des Rubins hatten.

Auf diese Art hatte ich das Glück, die Mittel zu errathen, deren sich die Natur zu Erzeugung der Edelgesteine bedienet, und ihr mit einem erwünschten Erfolg nachzuarbeiten.

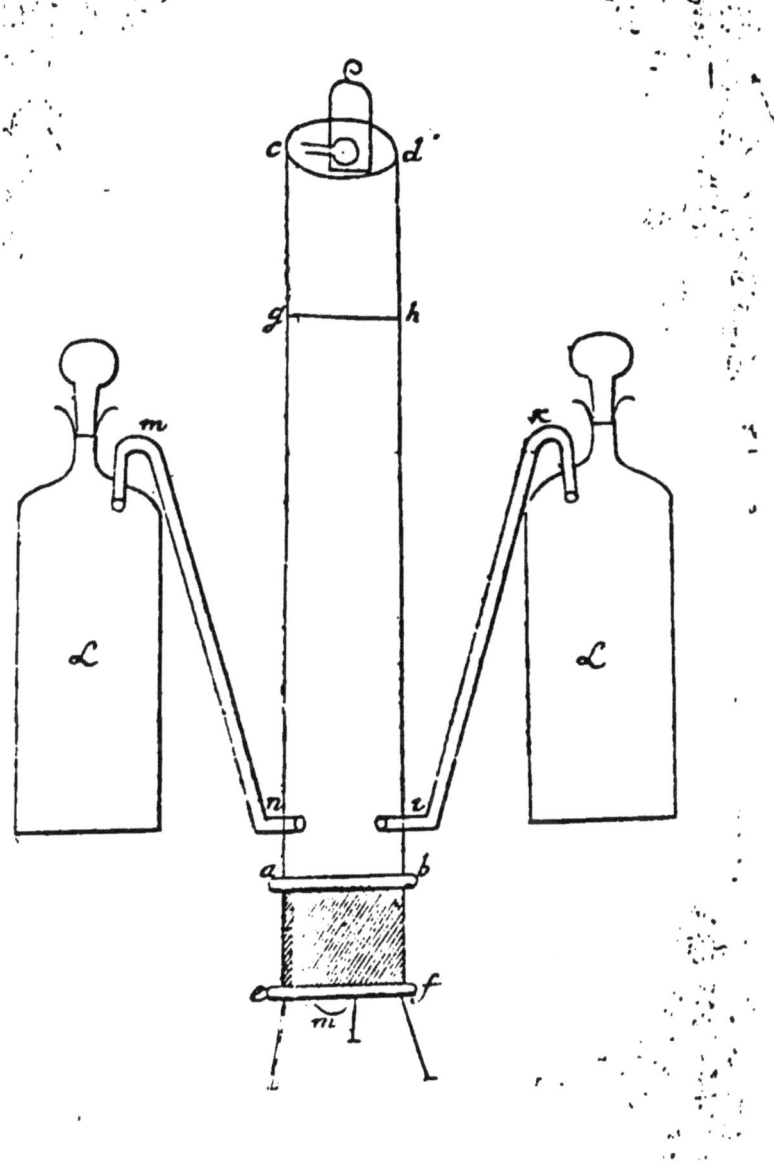

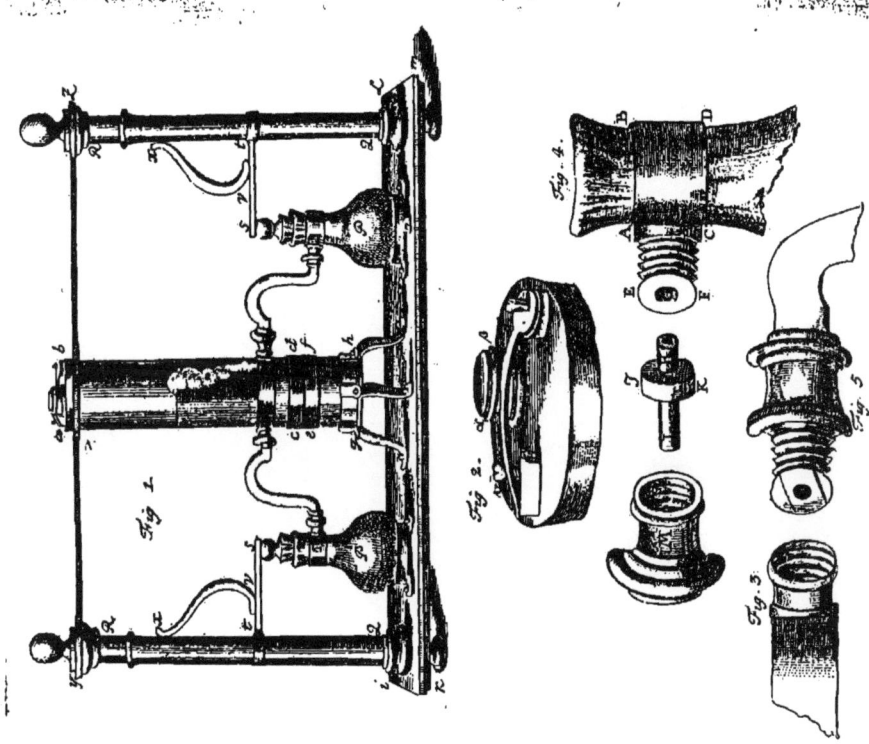